文秘商务办公全能一本通

从职场小白到商务精英

（第2版）

何小兰 编著

人民邮电出版社

北京

图书在版编目（CIP）数据

文秘商务办公全能一本通：从职场小白到商务精英 / 何小兰编著. -- 2版. -- 北京：人民邮电出版社，2023.12
ISBN 978-7-115-62493-2

Ⅰ. ①文… Ⅱ. ①何… Ⅲ. ①文书工作－基本知识② 秘书学－基本知识③商务工作－基本知识 Ⅳ. ①C931.46②F715

中国国家版本馆CIP数据核字(2023)第153400号

内 容 提 要

在商业蓬勃发展的今天，越来越多的公司管理者为打理不完的琐事而烦恼，急切地想要找一位干练的文秘来辅助自己工作。同时，也有越来越多的人选择文秘这一职业。然而，文秘的工作内容系统且烦琐，并不是每一位想入行的人都能胜任，也不是每一位在职文秘都能获得公司管理者的好评。本书分为三篇，从会务工作、文书写作、档案工作、接待工作、商务礼仪、商务出差、沟通布局、沟通要领、协调工作、保密工作等细节入手，循序渐进地讲解如何适应文秘角色、如何弥补薄弱环节，实现自我提升，有利于读者增强解决实际工作中的各种问题的能力，实现自我的职业价值。

本书"干货"满满，避免了文字堆砌，对丰富庞杂的资料进行深加工，去粗取精，保留了文秘实际工作的核心和精华。所以，本书既是即将走入职场的毕业生适应角色的参考书，又是在职文秘的实用手册。

- ◆ 编　著　何小兰
　　责任编辑　方　菲
　　责任印制　李　东　胡　南

- ◆ 人民邮电出版社出版发行　北京市丰台区成寿寺路 11 号
　邮编　100164　电子邮件　315@ptpress.com.cn
　网址　https://www.ptpress.com.cn
　大厂回族自治县聚鑫印刷有限责任公司印刷

- ◆ 开本：700×1000　1/16
　印张：12.5　　　　　　　　2023 年 12 月第 2 版
　字数：178 千字　　　　　　2023 年 12 月河北第 1 次印刷

定价：59.80 元

读者服务热线：(010)81055256　印装质量热线：(010)81055316
反盗版热线：(010)81055315
广告经营许可证：京东市监广登字 20170147 号

前　言

随着现代商业的发展，文秘这个职业越来越被时代所需要。文秘是文书和秘书的合称。文秘既需要成熟的理论知识，又需要一定的交际艺术。如何讲清楚基本理论，使读者能够即学即用，是本书要解决的问题。

作者把多年的知识积累和实务工作经验浓缩成本书，书中除了介绍文秘必备的理论知识，还提供了大量真实案例及工作方法，并对每一个案例进行了深入浅出的分析。特别的是，本书注重以情景化案例将读者带入精心预设的场景和角色，让读者进行一次次模拟实战。本书行文活泼自然，诙谐幽默，将枯燥生硬的理论知识以聊天的方式娓娓道来。

从本书中，你能够学到切合实际的文秘工作全流程。相信跟随本书学习，你的文秘学习之旅将会成为一段难忘的体验。

本书特色

1. 内容实用、详略得当，内容编排符合初学者的认知规律

本书包含了会务工作、文书写作、档案工作、接待工作等文秘在实务中必须掌握的知识，注重知识的实用性和可操作性。对于文秘必须掌握的细节，绝不吝惜笔墨，把每一个知识点融入具体的案例；对于文秘只需大致了解的地方则点到为止。这样的安排既符合初学者的认知规律，又能兼顾在职文秘弥补薄弱环节的迫切需求。

2.行文诙谐幽默，以案例引导，特别适合初学者阅读

本书采用连贯性、现实感极强的案例来引导理论知识的讲解，使不同章节之间的衔接更加紧密和自然。这样就避免了不同章节、不同案例间的知识脱节，保证了思维和认知上的连贯统一。另外，本书行文风格诙谐幽默，旨在帮助读者以轻松的方式找到成为优秀文秘的捷径，缩短读者成为优秀文秘的时间。

本书读者对象

- 在校文秘专业学生、实习生；
- 在职文秘；
- 其他对文秘职业有兴趣的人员。

编　者

2023 年 7 月

目 录

第 3 章　档案工作：类别分好，管理流程化

第二篇　礼仪篇

第4章　接待工作：规划先行，礼仪并重

第5章　商务礼仪：全方位学习，重点突破

第 *6* 章 商务出差：细节做到位，行程巧设计

第三篇 沟通协调篇

第 *7* 章 沟通布局：定位、类别、办法

第 *8* 章　沟通要领：熟悉对象，能听会说

第 *9* 章　协调工作：关系分类，不同性质不同对待

第 *10* 章 保密工作：不主动说，不被动谈

第一篇

文书篇

第1章

会务工作：基于会议流程进行规划，提前落实

会议流程一般分为 4 个环节，即制订会议目标、会议准备、会议进行、会议跟踪，如图 1-1 所示。

图 1-1　会议流程

在会务工作中，秘书需要基于会议流程进行规划，并提前落实。具体内容包括：制订会议计划与发布会议通知、会议文件及会议用品准备、会议执行、会议纪要。

1.1　制订会议计划与发布会议通知

在制订会议计划与发布会议通知环节，秘书需要掌控 4 个方面的工作：设置会务组、制订会议计划、确定会议日程、发布会议通知。

1.1.1　设置会务组

在单位组织会议时，秘书要辅助单位领导做好会务组的设置工作，协助领导安排好各会务组的职责与分工，以便更好地服务会议。

会务组具体包括：会议宣传组、后勤保障组、会议安保组与会议秘书处。

会议宣传组主要负责会议的录像、摄影，会后的宣传报道等工作。

后勤保障组主要负责会议所需物资的采购，与会人员的交通和食宿安排，以及会议水电等后勤保障工作。

会议安保组主要负责整个会议的安保工作。通常，保安部门承担该项工作。

会议秘书处是整个会议的枢纽组织，负责发布会议通知、会议报到签到、会议的座次安排，以及会议记录等工作。

在单位组织会议时，秘书可根据会议性质、会议规模以及会议目标等灵活设置会务组的数量，做好会前准备工作。

1.1.2 制订会议计划

会议召开之前，秘书要制订周密的会议计划。

会议计划的内容包括：会议宗旨、会议日程、与会人员、会议准则等。

1.1.3 确定会议日程

会议日程要尽量清晰、明确，因为与会人员会根据会议日程安排自己的时间。

马秘书是北京一家创业孵化公司新入职的秘书。刚入职没几天，她就被总经理要求策划一个会议方案。马秘书在编制会议日程表的时候，没有向总经理请示，直接把观看表演和签约两项重大活动安排在了同一天。

总经理看完马秘书编制的会议日程表后，叹了口气，问道："如果你是一名投资人，接到这样的会议日程表，你会怎么想？"

听总经理这样问，马秘书知道自己编制的会议日程表出了问题，但是，马秘书不知道怎么修改，于是向公司其他部门有经验的秘书请教，得到了公司里这些热心秘书的帮助。特别让她感动的是，公司上级单位的冯秘书给了她一份编制会议日程表的方法清单，如表 1-1 所示。

表1-1　编制会议日程表的方法

名称	内容
编制会议日程表的方法	① 绝大多数会议日程以表格形式呈现，表格中填入简短文字。 ② 会议日程通常以"天"为单位制订。会议时间通常分为"上午""下午""晚上"3部分。 ③ 会议日程一定要准确无误、具体明确。与会人员通常以会议日程为依据，合理安排个人时间。 ④ 保密性较强的议题尽量放在会议日程的后面。 ⑤ 同一天内安排的活动不宜过多，尤其是重大活动，不宜在一天中安排多项

所以，秘书在编制会议日程表的时候，要特别注意细节和方法。

小·提示 在确定会议日程之前，秘书需要协调好多数人的参会时间，确保他们能在规定的时间、地点参会；在为多数人考虑的同时，适当照顾到少数人的感受。

1.1.4　发布会议通知

秘书在发布会议通知的时候，要注意一些细节，保证与会人员都能及时收到会议通知并正确理解会议通知内容。

上海一家公司正在筹备一次会议。在准备工作一切就绪的时候，总经理吩咐丁秘书着手会议通知的撰写和发布。

丁秘书把草拟的会议通知呈报给总经理看，而总经理只看了一眼就让丁秘书回去改，认为标题有问题；丁秘书第二次给总经理看会议通知的时候，又被责令回去改，原因是没有明确会议的内容和主题；丁秘书第三次给总经理看会议通知的时候，再次被责令回去改，原因是没有写明联系人和联系方式。

经过3次修改，会议通知终于可以发出了。可是，丁秘书发现此时距会议开始只有一周的时间，而平时的会议通知都是要提前两周发出的。为了不让会议推迟，丁秘书急忙把会议通知发出。可是，丁秘书发现会议通知都发出好久了，也没有回音，后来才意识到会议通知中没有附会议回执。不得已，会议还是被推迟了。

现实工作中，为了避免类似的错误，秘书在撰写和发布会议通知的时候要注意会议通知的格式，如表 1-2 所示。

表 1-2　会议通知的格式

名称	内容
会议通知的格式	① 标题：包括发文单位、会议主题与会议名称等内容。 ② 抬头：写明举办会议的单位名称或者与会人员的姓名。 ③ 正文：首先概括说明主办单位、时间、地点、主题，然后分条列出会议内容、与会人员、联系人及联系方式等信息。 ④ 署名和日期：主要包括发布会议通知的单位、时间和公章等内容。其后附上会议回执

会议通知除了通过文件的方式发布，还可以通过电话通知的方式发布。电话通知的大致流程如图 1-2 所示。

除了以上两种方式，还有电子邮箱发布方式，这里不再赘述。

1.2　会议文件及会议用品准备

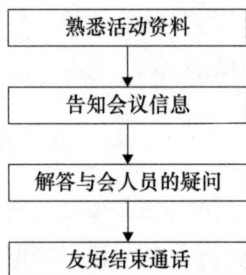

图 1-2　电话通知的大致流程

1.2.1　会议文件准备

会议文件的准备也是秘书会务工作的一部分，包括起草会议文件、协助审核文件、发放会议文件等内容。

1. 起草会议文件

秘书起草会议文件的时候，要清楚文件的分类和文件中应包含的内容，保证文件清晰传达会议主题。不同岗位的秘书，可根据具体工作内容选择合适的会议文件，如表 1-3 所示。

表1-3　会议文件

会议文件	具体内容
会前文件	①邀请函。邀请函的内容包括会议名称、主题、地点、时间、与会人员等。 ②会议须知。会议须知的内容包括会议举办地的具体情况，从机场、火车站赴会的路线，是否有接站安排，与会人员的食宿安排，开具发票的具体方式，会议筹备联系人的联系方式，会议现场办公地点等。 ③会议手册。会议手册的内容包括会议背景、嘉宾名单、会议日程（会议日程里可列明会议议程与注解）
会间文件	①领导的开幕词和闭幕词。开幕词要体现礼宾性质，同时还要体现会议的指导思想、宗旨、意义，以及与会人员的任务；闭幕词要体现总结性质。 ②工作报告。工作报告要包括过去一段时期的形势和成就、不足和问题、接下来的工作计划，以及对与会人员的要求。 ③决议草案和修正案。决议草案和修正案要反映与会人员对一系列议题的共同意志和要求
会后文件	主要包括会议纪要、会议简报以及会议新闻稿

秘书在起草会议文件的过程中，要特别注意各个文件应该包含的内容，尽量使内容翔实。

小·提示 起草会议文件有一个比较实用的方法，就是多参考同行业会议文件的写作手法、写作要点。

2. 协助审核文件

秘书在会议文件起草的整个过程中，还要协助领导审核文件，以确保会议顺利进行。

陈秘书在起草会议文件的过程中，被总经理安排协助审核文件。由于整个文件的起草工作是由秘书部负责的，而陈秘书又是第一次协助审核，陈秘书并不是十分清楚审核的范围和方法。

秘书在协助审核文件的时候，要了解的内容如表1-4所示。

表1-4　审核文件

名称	内容
审核范围	① 立项文件：召开会议的请示和批复。 ② 筹备文件：会议预案和策划书。 ③ 会议内容文件：议程、议案、决议、会议记录。 ④ 宣传文件：会议新闻稿、会议简报。 ⑤ 会议主题文件：开幕词、讲话稿、主题报告。 ⑥ 会议程序文件：会议手册等
审核内容	文件具体内容的准确性和完整性
审核方法	① 对校法：如果定稿需要改动的地方比较多，就要采用对校法，逐字逐句校对。 ② 读校法：即一人读定稿一人看样稿。适合审核内容浅显易懂，专业术语少的定稿
审核程序	① 文件起草秘书在起草过程中自审文件内容。 ② 主管秘书初审文件内容。 ③ 如果文件内容涉及多部门，要进行会审。 ④ 修改完成的文件需呈领导终审

3. 发放会议文件

在整个会务工作中，发放会议文件也是非常重要的一个环节。秘书要按照要求做好会议文件发放工作，以确保会议顺利进行。

秘书部准备了多份发言稿，交由李秘书发给各级领导，并准备了其他会议文件，也交由李秘书发给与会人员。会议开幕当天，一位领导发言时，发现手中的发言稿竟然是闭幕词。主持人为了避免该领导尴尬，便设法调整了该领导发言的顺序。可是，第二位领导在发言时，发现手中竟然是上一位领导的发言稿。

这两个小插曲让整个会议陷入尴尬的境地。当会议进行到某个议题的时候，有部分与会人员发现自己手中根本没有该议题的资料。李秘书这才意识到自己忘记给最后一排的与会人员发会议文件了。

很明显，李秘书没有按照要求发放会议文件，导致了会间的尴尬。为了避免在实际工作中犯类似的错误，秘书可以记住以下两点。

（1）通常情况下，会议文件在会议当天由秘书发放给与会人员。但是，为了提高会议的效率，减少与会人员在会议中阅读文件所花费的时间，秘书可以提前将会议文件的电子版通过电子邮箱发送给与会人员，这有利于与会人员在参会前对会议形成大致了解。

（2）秘书应当根据与会人员在会议中的不同角色，分门别类整理好会议文件袋。会议文件袋里应装有会议手册、笔记本、签字笔、餐券等。会议文件袋应有富余，以便发放给没有提前报名而直接来现场参会的人员。

> **小提示** 秘书在发放会议文件时要做到两个"第一"：第一时间发给所有人；第一时间检查可能漏发的人，然后补发。

1.2.2　会议用品准备

准备会议用品的时候，秘书需要考虑必备用品和特殊用品。

北京一家精密仪器制造公司举办了一次研究成果分享会。由于秘书没有准备投影设备和扩音设备，会议效果大打折扣。

很明显，这位秘书没有做好会议用品准备。为了确保会议的效果，秘书要把会议必备用品和特殊用品一应备齐，如表1-5所示。

表1-5　会议必备用品和特殊用品

名称	内容
必备用品	① 会议证件：嘉宾证、参会证、工作证与记者证。 ② 会议指示标志：易拉宝、指示牌、线路图、桌签。 ③ 会议设备：笔记本电脑、投影仪、激光笔、白板、白板笔、打印机、音响、录音与录像设备。 ④ 其他必备用品：文具、一次性水杯、热水壶、瓶装矿泉水、会议纪念品
特殊用品	① 选举性会议要准备投票箱、选票等。 ② 表彰会议要准备奖品等。 ③ 谈判会议要准备合同文件等

1.3 会议执行

秘书的会议执行工作包括3个方面：会场风格确认、会场工作人员安排、会场突发事件预案。

1.3.1 会场风格确认

秘书需要根据具体会议性质来选择会场风格，如表1-6所示。

表1-6 会场风格

名称	内容
会场风格	① 礼堂式：也可叫剧院式。主席台的前方摆放一排排座椅，讲话者可以站在较高的主席台上讲话。如果与会人员较多，可以采用这种风格。 ② 教室式：按教室的布局来布置会场。这种会场风格比较灵活，调整会场面积和与会人数比较方便。 ③ 方形、圆形、椭圆形中空式：与会人员围坐在桌子外侧，便于平等充分地交流。与会人数适中为宜。 ④ "U"形：把桌子连接起来，摆成一面开口的U字形，桌子外围放置座椅。这样的风格同样便于与会人员平等充分地交流。与会人数要适中。 ⑤宴会型：该类风格多运用大圆桌布置会场，适用于公司内部的年会和培训，便于同桌的交流和互动。 ⑥ 鸡尾酒式：鸡尾酒式会场一般没有座椅，同时会摆放多个供应饮料及餐点的桌台。如果与会人员比较多，可以选用这种会场风格。这种风格的会场氛围比较轻松，与会人员可以随意走动交流

💡 **小·提示** 除了"U"形外，还有"T"形、"E"形、叠层"U"形、混合式，秘书可以根据会议性质和与会人数选择合适的会场风格。

1.3.2 会场工作人员安排

在会议执行工作中，秘书要特别重视会场工作人员的安排。会场工作人员协调配合可以保证会议顺利进行。会场工作人员安排如表1-7所示。

表 1-7 会场工作人员安排

名称	内容
会场工作人员安排	① 会议签到: 2 人, 一人负责签到, 另一人负责发放会议文件袋。 ② 会场礼仪, 座位引导: 2 人。 ③ 设备调试: 2 人, 负责投影仪等设备的调试。 ④ 信息联络: 1 人, 负责向与会人员传递会场外部一些紧急情况的相关信息。 ⑤ 后勤服务: 2 人, 负责会场秩序维护与餐饮茶歇引导

秘书可以结合实际情况调整相关人员安排。

1.3.3 会场突发事件预案

在会议执行工作中, 有时会出现一些意外情况, 因此秘书应该制订应对突发事件的预案。由于会议时间紧张, 秘书需要对突发事件进行重要性排序(见图 1-3), 然后再对应预案内容优先处理级别高的事件。

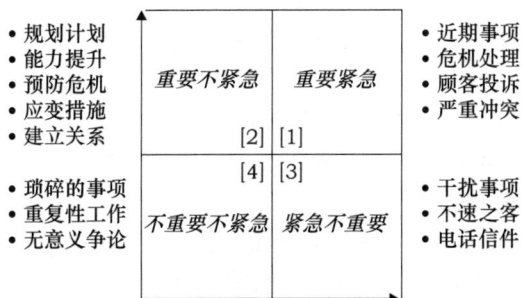

图 1-3 突发事件分类

常见的会场突发事件如表 1-8 所示。

表 1-8 会场突发事件

名称	内容
会场突发事件	① 在与会人员入场、出场的时候, 出现人员挤伤、摔伤、扭伤, 甚至踩踏事件。 ② 会议期间, 会场的供电线路、照明灯、音响、投影设备等不能正常使用, 影响会议的顺利召开。

（续表）

名称	内容
会场突发事件	③ 会场电器出现漏电情况，造成人员伤亡。 ④ 与会人员慢性病突发，影响会议的正常召开。 ⑤ 主要发言人没有正常出席；发言人表现不佳，导致会议不能顺利进行。 ⑥ 会场发生火灾。 ⑦ 会议期间，有人制造事端，影响会议正常进行

北京一家公司的秘书针对以上几类常见的会场突发事件，制订了如表1–9所示的应急预案。

表 1–9 应急预案

名称	内容
应急预案	① 会议开幕前，对维护秩序的工作人员讲明注意事项，并开展突发状况应急处理演练。 ② 对所有与会人员进行安检和身份核查，并且维持秩序，避免闲杂人员进入会场，避免与会人员携带危险物品进入会场，避免与会人员入场时发生摔伤、扭伤、挤伤和踩踏事件。 ③ 会议开幕前对会场内外进行彻底清洁。 ④ 会议开幕前对会场内所有的设备进行彻底全面的检查，避免设备漏电。 ⑤ 安排专人巡查会场设备，保证会间正常使用。 ⑥ 备有附近设备租赁公司和紧急维修师的电话。 ⑦ 会场内备齐应急药品和相关急救设施，必要时拨打120急救电话。 ⑧ 提前确定主要发言人能否正常出席，如果不能出席，视发言重要程度制订应对措施。如果不重要，可以取消；如果特别重要，找好代替发言人。 ⑨ 会前向发言人讲明发言原则，并对主持人进行应对发言人各种不当言行的训练，以维护公司形象。 ⑩ 在会议开幕前可以选择一个备用场地，如果原本的会场不能使用，立即启用备用场地。 ⑪ 培训相关人员，如遇火灾，要及时维持秩序，通过安全通道疏散与会人员，并拨打火警电话。 ⑫ 培训相关人员，在与会人员入场、出场时如发生挤伤、扭伤、摔伤和踩踏事件，要及时把伤员送往最近的医院，或拨打120急救电话

在应急预案的保障下, 公司大大小小的会议都能顺利召开, 即使出现突发事件, 也都能及时稳妥地解决。

1.4 会议纪要

会议纪要是在会议记录的基础上经过加工、整理出来的一种记叙性和介绍性的文件, 是会务工作中非常重要的一部分。本节将要介绍的内容包括会议纪要格式和会议纪要范文。

1.4.1 会议纪要格式

周秘书在北京一家贸易公司任职。总经理让她随同自己出席一个高层会议, 并且负责会议纪要的撰写。

会后, 周秘书把会议纪要送到总经理的手上后, 遭到了总经理的批评: "你的会议纪要格式不规范, 请认真学习相关知识后重写一份。"

周秘书第一次写会议纪要, 不知该如何修改。

会议纪要通常包括标题、正文、结尾 3 个部分, 如表 1–10 所示。

表 1–10　会议纪要格式

名称	内容
标题	"会议名称 + 纪要"或"会议召开单位 + 内容 + 纪要"
正文	①会议概况, 包括会议名称、会议时间、会议地点、与会人员、会议主持人。 ②会议精神和决议事项
结尾	①可标注"散会""结束""完"等。 ②右下方要有会议主持人和记录人的签名, 以表示对会议纪要内容负责

💡 **小提示** 不同公司的会议纪要格式不尽相同。有些秘书为了省事, 从网上下载了一些模板, 稍加修改就使用。其实这种做法并不完全正确。下载模板之后, 秘书要结合会议的具体情况增加或删减相关内容。

1.4.2 会议纪要范文

为了避免 1.4.1 小节案例中周秘书的工作错误，秘书有必要系统地学习一下会议纪要的写作方法。下面是两篇会议纪要范文，供秘书学习。

范文一

"集团人事制度改革"会议纪要

时间：
地点：
会议主持人：
与会人员：
    1. 出席人员：
    2. 列席人员：
    3. 记录人：
会议要点：
一、宣示集团人事制度改革方案，经与会人员讨论后确定以下内容。
    （一）…………
    （二）…………

二、各部门总经理报本部门现行人事制度，经讨论确定了集团各部门人事编制制度。
    （一）…………
    （二）…………
    （三）…………

三、会议讨论了人事薪酬改革方案，确定了以下内容。
    （一）各职位薪酬区间
        1. 经理职位：…………
        2. 副经理职位：…………
        3. 专员职位：…………
    （二）各职级薪酬标准
        …………

四、董事长就集团人事制度改革、日后人事部招聘、员工绩效考核提出以下要求。
    （一）…………
    （二）…………
    （三）…………

××××年××月××日
会议主持人签名：×××
记录人签名：×××

范文二

"总经理办公室研讨经济合同管理等事宜"会议纪要

×××× 年 ×× 月 ×× 日 14: 00—16: 00, 公司召开总经理办公室会议, 研究讨论公司经济合同管理制度改革以及资金管理制度建设等相关事宜。×× 总经理主持会议, 公司董事会常委、相关领导及相关部门负责人参加。会议决议事项纪要如下所示。

一、关于公司经济合同管理制度改革办法

    1.…………

    2.…………

    3.…………

    4.…………

二、关于职工出差借款规定改革办法

    1.…………

    2.…………

    3.…………

    4.…………

三、关于公司资金管理制度建设办法

    1.…………

    2.…………

    3.…………

    4.…………

四、关于银行代发工资的办法

    1.…………

    2.…………

    3.…………

    4.…………

×××× 年 ×× 月 ×× 日

会议主持人签名: ×××

记录人签名: ×××

小·提示 这里只提供了两篇范文, 读者还可以自行去网上寻找。

第2章
文书写作：逻辑、格式

本章将带领大家系统学习文书写作的逻辑，以及规则型文书、决议型文书和个人类文书的格式。

2.1 文书写作的逻辑

文书写作要遵循写作的逻辑，即受众对象决定文书类型、文书用途决定陈述要点、在平行结构文书中安排衔接语、在递进结构文书中安排总述词。

2.1.1 受众对象决定文书类型

北京一家公司的秘书在工作中遇到了一些困难，想要通过行文方式向领导请示。这时她应该如何行文呢？

从受众对象来看，文书分为上行文、平行文、下行文。受众对象不同，发文方向不同，所使用的文书自然不同。例如，请示属于上行文，其格式如表2-1所示。

表2-1 上行文（请示）的格式

名称	内容
标题	一般有两个标题，被发文字号和签发人隔开。第一个标题通常是"××公司文件"，第二个标题通常是"公司名称+请示内容+文种"
发文字号和签发人	处于两个标题之间，如××字【2016】××号　签发人××
正文	一般包括主送单位、主体、结尾。 ①主送单位：×××公司／机关。

（续表）

名称	内容
正文	② 主体: 一般由问题和建议构成。 ③ 结尾: 一般都是"特此请示, 请批复"
落款	写明发文时间、联系人、联系电话并加盖公章

小提示: 秘书在写作文书的时候, 首先要分析的就是受众对象。不同的受众对象需要不同的文书。秘书在日常工作中可以多积累一些不同类型文书的模板。

2.1.2 文书用途决定陈述要点

秘书在文书写作中, 不但要考虑受众对象, 还要考虑文书的用途, 因为这是确定陈述要点的依据。

北京一家金融集团的总经理秘书在工作中遇到了很多问题, 于是便通过文书向总经理请求支援。然而整篇文书大部分都在陈述取得的工作成绩, 却没有对工作中的问题进行阐述。总经理看后, 做了一句话批复: 看来工作已经接近完美了, 你还有什么问题?

最终这位秘书不但没有解决问题, 反而耽误了工作进程。很显然, 这位秘书的这份文书是失败的。究其原因, 就是这位秘书在行文中犯了主次不分的错误, 没有找准陈述要点。

撰写文书时, 秘书如果想要得到上司的支持和帮助, 就应该侧重于陈述自己在工作中不能解决的问题; 如果想要上司了解自己的工作成绩, 那就完全可以大篇幅地陈述自己的工作成果。

如果秘书旨在汇报自己对下级部门或分公司的调查情况, 那么在文书中就不宜大篇幅地阐述自己调查的过程和付出的努力, 而应该着重反映下级部门或分公司的实际情况。

2.1.3 在平行结构文书中安排衔接语

平行结构是文书写作中经常运用的一种写作结构，这种结构的文书逻辑清晰，主体各部分间地位平等。秘书如果采用这种写作结构，要注意各个部分之间的衔接语。恰当的衔接语会使行文流畅严谨。

比较常用的衔接语就是小标题。除了开头和结尾，文书以几个大的段落作为主体部分，而每个段落都应该由一个小标题来引领。

北京一家公司的办公室秘书采用平行结构为总经理撰写了一份年度工作总结，具体如下所示。

××公司××××年度工作总结

随着××××年的结束，公司完成了第二个五年计划的工作任务。在过去的一年里，公司各部门、各岗位同仁团结向上、奋力拼搏，取得了非常优异的成绩。下面，我谨代表公司对过去一年的工作进行总结，并对下一个五年计划提出建议。

一、××××年公司主要经济指标实现跨越式增长

    1.…………

    2.…………

二、××××年公司主要业务区域实现大幅扩展

    1.…………

    2.…………

三、××××年公司多项研发技术申请专利成功

    1.…………

    2.…………

四、××××年公司改革了不适应研发生产与发展的制度关系

    1.…………

    2.…………

五、成功的经验与现存的问题

    1.…………

    2.…………

六、对下一个五年计划的建议

    1.…………

    2.…………

（续）

> ×× 公司总经理：× × ×
>
> × × × ×年 × ×月 × ×日

💡 **小·提示** 平行结构是常见的文书写作结构。秘书可以根据上级要求灵活运用。

2.1.4　在递进结构文书中安排总述词

递进结构也是文书写作中经常运用的一种写作结构，这种结构的文书可以从不同的角度对某一个问题进行层层深入的剖析与解读，使文书的思想深度得到提升。

秘书如果采用这种写作结构，要注意行文结尾的总述词。恰当的总述词可以升华文书的思想，也可以保证行文的完整性。

北京一家公司的办公室秘书采用递进结构写了一篇工作报告，具体如下所示。

关于财务部过度节省开支的报告

尊敬的总经理：

在全面协调贯彻您提出的"让效率节约成本"的生产经营理念过程中，我发现财务部严重曲解了您的指导精神。

现在财务部断章取义，过度节省开支。财务部的这种做法对公司的生产经营是不利的。

一、技术部研发经费严重不足

　　1.…………

　　2.…………

二、经费不足导致的技术滞后问题严重牵制设备部工作

　　1.…………

　　2.…………

三、经费不足导致的技术设备落后问题严重影响生产部效率和生产质量

　　1.…………

（续）

> 　　　　2…………
> 四、产量和质量问题严重影响销售部业绩
> 　　　　1…………
> 　　　　2…………
>
> 　综上所述，财务部过度节省开支导致公司整个生产经营系统效率低下，效益欠佳，其实这恰恰浪费了宝贵的时间成本和机会成本。所以请示您及时对财务部工作做出调整。特此汇报，望批准。
>
> 　　　　　　　　　　　　　　　　　××公司总经理办公室秘书：×××
> 　　　　　　　　　　　　　　　　　　　　××××年××月××日

💡 **小·提示** 在撰写此类文书时，秘书要注意逻辑推理的合理性。有不少秘书喜欢写很多条件或理由，但是在实际工作中发现，有些理由是不充分的。一般来说，秘书只需要将关键理由写清楚即可。

2.2　规则型文书格式

　　明确了文书写作的逻辑后，接下来秘书就需要掌握不同类型文书的写作格式了。本节主要讲解规则型文书格式，涉及的文书类型包括管理办法类文书、工作细则类文书，以及公司规定类文书。

2.2.1　管理办法类文书格式

　　管理办法类文书也是秘书经常需要协助领导草拟的。管理办法类文书通常由标题、正文和落款3部分构成。

　　（1）标题。标题由"事由+文种"构成。通常情况下，"办法"的标题里含有"实施""暂行""试行"等字样。例如，《北京市引进人才管理办法（试行）》《全国C级自驾车旅居车营地质量等级认定管理办法（暂行）》《××集团关于考勤的管理方法》等。

　　（2）正文。正文通常由"总则""分则""附则"构成。

　　"总则"主要阐述"办法"制定的目的和意义等内容。

　　"分则"主要阐述"办法"的具体细则。

"附则"主要阐述"办法"的补充说明内容，主要包括实施时间和解释权所有等。

（3）落款。落款主要包括"制发机关"和"制发时间"（也可以写在标题正下方）。

北京一家公司的办公室秘书协助领导拟写了一份考勤管理办法，具体如下所示。

×× 公司关于考勤的管理办法

1. 目的
  （1）…………
  （2）…………
  （3）…………
2. 适用范围
  （1）…………
  （2）…………
  （3）…………
3. 管理办法
  （1）…………
  （2）…………
  （3）…………
4. 附则
  …………

×× 公司综合事务办公室

×××× 年 ×× 月 ×× 日

2.2.2 工作细则类文书格式

制定"细则"需要秘书注意的一点在于："细则"中要最大限度地少列与国家法律法规重复的条款。

北京一家公司的总经理秘书协助总经理起草了一份《×× 公司员工工作细则》，具体如下所示。

××公司员工工作细则

一、本细则由董事会常委会根据公司规章制度审核通过总经理核定后实施，公司员工
须严格遵守。

二、公司员工必须按时上下班。

三、迟到标准。

（1）…………

（2）…………

四、旷工标准。

（1）…………

（2）…………

五、早退标准。

（1）…………

（2）…………

六、请假制度。

（1）…………

（2）…………

七、迟到、旷工、早退处理细则。

（1）…………

（2）…………

八、上下班打卡秩序细则。

（1）…………

（2）…………

××公司

××××年××月××日

通过范文，我们不难发现工作细则类文书也包括标题、正文和落款3个
部分，如表2-2所示。

表2-2　工作细则类文书格式

名称	内容
标题	发文单位＋细则内容

（续表）

名称	内容
正文	包括 3 个部分：细则的依据、内容、实施说明。可采用"章条式"或"条款式"写法
落款	包括发文单位和发文时间

2.2.3　公司规定类文书格式

公司规定类文书包括标题、正文、落款 3 部分，如表 2-3 所示。

表 2-3　公司规定类文书格式

名称	内容
标题	发文单位 + 内容 + 文种。如果是临时性或补充性规定，在文种之前还需要加上"暂行"或"补充"字样
正文	包括开头、主体、结尾 3 个部分。开头写明依据和目的，主体写明具体内容，结尾则为实施说明
落款	发文单位 + 发文时间

需要注意的是，公司规定类文书多以肯定的语气行文。

下面来看北京一家食品加工公司的秘书草拟的《××公司关于严把产品质量关的规定》。

××公司关于严把产品质量关的规定

第一条　为了保护消费者的权益，公司根据《中华人民共和国产品质量法》制定本《规定》。

第二条　质检部门应该遵循的规定。

（1）…………

（2）…………

第三条　技术生产部门应该遵循的规定。

（1）…………

（2）…………

（续）

第四条　客服部门接到处理投诉的规定。
（1）…………
（2）…………
…………
第二十条　本规定由董事会讨论通过，总经理核定颁布。
第二十一条　本规定即日起实行。
××公司
××××年××月××日

小·提示 有些秘书在日常写作文书的过程中，经常忘记一些格式要素，致使一些关键内容被漏掉。

2.3　决议型文书格式

决议型文书包括公函类文书、通报类文书、通告类文书、决议类文书、意见类文书、决定类文书、指示类文书、批复类文书、通知类文书等。

2.3.1　公函类文书格式

公函类文书包括标题、正文、落款 3 个部分，如表 2-4 所示。

表 2-4　公函类文书格式

名称	内容
标题	发文机关＋事由＋文种
正文	开头顶格写明主送单位，然后另起段落写明具体的原因和事项，最后以"望复函"等敬语结束
落款	发文单位＋发文时间

秘书在写"函"时需要注意以下 3 点。

（1）一函一事。

（2）重务实。

（3）行文体现平等性和沟通性。

下面来看北京一家制造厂的办公室秘书写给某高校的一则公函。

××厂关于委培技术人员的函

××大学应用技术学院：

　　获悉贵校将在明年开学伊始开办技术人员培训班。我厂一直想要对在职人员进行技术集训，但是资源有限。故想委托贵校培训我厂在职人员×名。培训费由我厂支付。

　　望复函。

×× 厂

××××年××月××日

2.3.2　通报类文书格式

通报类文书同样是由标题、正文、落款 3 部分构成的，如表 2-5 所示。

表 2-5　通报类文书格式

名称	内容
标题	（发文单位+）通报对象+文种
正文	开头顶格写明主送单位，主体写明事实和分析处理办法，结尾写明号召的内容
落款	发文单位+发文时间

　　通报按照内容可以分为表彰性通报、批评性通报、情况通报和事故通报。

　　通报在行文上要注意，用词要反复推敲，既不能夸大事实，也不能缩小范围，要体现通报的严肃性。

　　下面来看北京一家公司的秘书拟写的一则通报。

销售部××上班迟到的通报

全体员工：

　　我司销售部××上班迟到……

　　迟到对公司和员工自身而言，影响都很恶劣……

　　现经领导决定，予以……希望……

×× 公司

××××年××月××日

2.3.3 通告类文书格式

通告类文书同样包括标题、正文、落款 3 个部分，如表 2-6 所示。

表 2-6 通告类文书格式

名称	内容
标题	（发文单位+）通告内容+文种
正文	开头顶格写明主送单位，主体写明原因和通告事项，最后以"特此通告"收尾
落款	发文单位+发文时间

秘书在撰写"通告"时需要注意的是，必须遵守"一文一事"原则，即一则通告只能公布一件事情。

下面来看北京一家公司的秘书拟写的一则通告。

关于规范差旅制度的通告

全体员工：

　　为了更好地维护公司及个人的利益，现将相关差旅制度通告如下。

　　1.…………

　　2.…………

　　特此通告。

　　　　　　　　　　　　　　　　　　　　　　　　××公司

　　　　　　　　　　　　　　　　　　××××年××月××日

2.3.4 决议类文书格式

决议类文书是由标题、通过日期、正文 3 部分构成的，如表 2-7 所示。

表 2-7 决议类文书格式

名称	内容
标题	（发文单位+）事由+文种
通过日期	通常用圆括号标注在标题下
正文	事实+分析+号召

秘书在写"决议"时，一定要注意，"决议"中的事项一定是经过公司会议讨论和多数人员通过的。未经过公司会议讨论和多数人员通过的各种事项，不能使用"决议"发布。

下面来看北京一家公司的秘书协助领导草拟的一份决议。

关于撤销上次公布的考核晋升制度的决议

（××××年××月××日）

经大部分员工反映和董事会研究，现决定：撤销上次公布的考核晋升制度。因为该制度对大部分员工而言有失公平。望各部门员工为公平晋升制度建设积极献策。

💡 **小·提示** 决议类文书一般比较简短，但是很重要。

2.3.5 意见类文书格式

意见类文书一般由标题、正文、落款 3 部分构成，如表 2-8 所示。

表 2-8 意见类文书格式

名称	内容
标题	发文单位 + 内容 + 文种
正文	行文对象 + 意见缘由 + 内容 + 结语（"望批准"等）
落款	发文单位 + 发文时间

秘书在写"意见"时，要注意与其他文种的区别：向上行文，要用"请示"而不能用"意见"；向下行文，要用"指示"而不用"意见"；不相隶属机关和部门之间行文应用"意见"。

北京一家公司的秘书草拟了一份《××公司关于薪资制度改革的意见》，并获批，具体如下所示。

××公司关于薪资制度改革的意见

董事会常委、总经理：
　　为了……按照……让……现在提出以下意见。

（续）

```
1.…………
2.…………
望批准。
                                    ××××年××月××日
```

2.3.6 决定类文书格式

决定类文书是由标题、发文时间、正文、结尾 4 部分构成的，如表 2-9 所示。

表 2-9 决定类文书格式

名称	内容
标题	发文单位＋决定事宜＋文种
发文时间	用圆括号标注在标题下
正文	决定的内容
结尾	通常以"本决定即日起施行"结尾

北京一家公司的秘书在董事会后协助领导写了一篇《××公司关于加快跨境贸易步伐的决定》，并获通过，具体如下所示。

××公司关于加快跨境贸易步伐的决定
（××××年××月××日）

现在，企业全球化经营已经不可逆转，建立跨国集团已成为趋势。为了与国际接轨，提升经济效益，公司现做出如下决定。

1.…………

2.…………

本决定即日起施行。

2.3.7　指示类文书格式

指示类文书包括标题、发文时间、正文、落款4个部分。

正文一般包含主送单位、前言、主体、结尾4个部分。秘书要特别注意，主体是指示类文书的主要内容，包含依据、内容、要求3个要素。

秘书在写指示类文书时要注意"指示"属于下行文，对下级具有约束性与指令性，因此，"指示"要保持严肃性。秘书绝不能滥发"指示"。

下面来看北京一家公司的办公室秘书协助领导给人事部起草的一份指示。

关于人事招聘、培训、考核的指示
（××××年××月××日）

人事部：
　　鉴于企业之间的竞争已由产品竞争转变为人才竞争，根据公司"人才兴业"的方针战略，现就人事招聘、培训、考核做出如下指示。
　　1. 人事部日后的具体工作。
　　（1）…………
　　（2）…………
　　2. 执行工作的办法。
　　（1）…………
　　（2）…………
　　3. 执行中要注意的事项。
　　（1）…………
　　（2）…………
望研究执行。

　　　　　　　　　　　　　　　　　　　　　　　××公司

2.3.8　批复类文书格式

批复类文书包含标题、正文、落款3个部分。

正文包含主送单位、引据、主体、结语4个部分。注意，引据是对下级行文标题的引述。

秘书在写批复类文书时要注意"一请示一批复"。其通常要求与"请示"相对应，要避免"一文多批复"。

下面来看北京一家公司的秘书协助领导草拟的一份批复。

关于对人事部员工晋升制度建议的批复

人事部：

你部《人事部关于员工晋升制度建议的请示》收悉。经讨论，现批复如下。

一、…………

二、…………

三、…………

特此批复。

××公司（公章）

××××年××月××日

2.3.9　通知类文书格式

通知类文书包括标题、正文、落款3个部分。秘书要注意，正文的内容要根据通知的类别确定，如开会通知与工作布置通知的内容就不一样。

秘书在撰写通知类文书时，要注意通知通常以机关的名义发布。

下面来看北京一家公司的秘书协助领导拟写的一份会议通知。

××公司关于召开××会议的通知

各部门经理：

根据董事会会议精神，定于××××年××月××日下午两点半在公司会议室召开部门经理会议，研究×××问题。望准时出席。

××公司

××××年××月××日

2.4　个人类文书格式

个人类文书也是秘书经常要协助领导拟写的文书类型。本节主要讲解个人类文书的写作格式，包括的具体文书类别有贺信类文书、嘉奖类文书、批评类文书、建议书类文书、感谢信类文书、总结类文书、介绍信类文书、答谢词类文书、开幕词类文书等。

2.4.1 贺信类文书格式

贺信类文书由标题、正文（包括称谓、主体、结尾）、落款 3 个部分构成，如表 2-10 所示。

表 2-10 贺信类文书格式

名称	内容
标题	可只写文种名
正文	（1）称谓 区别单位名和个人职称、姓名。 （2）主体 ① 说明成就的背景。 ② 分析成就的主客观原因。 ③ 表示热烈祝贺。 （3）结尾 一般都用"此致　敬礼"作结尾
落款	发文单位或个人 + 发文时间

贺信类文书的作用在于鼓舞和教育公司员工、维护公司与合作伙伴之间的关系等。

下面是北京一家公司的秘书协助领导草拟的一封致合作伙伴的贺信。

贺　信

王总：

获悉贵公司又取得一项专利成果，我个人深表祝贺。

眼下企业科研竞争日趋激烈……在这样的背景下，您严格要求科研团队执行……方针，且使市场优质资源向贵公司靠拢，终于取得了丰硕成果。

再次表示我个人的热烈祝贺。

此致

敬礼！

××公司　李××

××××年××月××日

2.4.2 嘉奖类文书格式

嘉奖类文书由标题、正文、落款3个部分构成。正文一般包括称谓、嘉奖原因、嘉奖方式、奖项、号召4项内容。

下面是北京一家公司的秘书协助领导草拟的嘉奖类文书。

嘉 奖

沈××：

　　鉴于你在第三季度工作勤恳，贡献突出，公司现决定授予你"季度标兵员工"荣誉嘉奖，并在公司通报表扬。此外，公司还将颁发……奖品。

　　望继续努力工作。

××公司

××××年××月××日

2.4.3 批评类文书格式

批评类文书包括标题、正文、落款3个要素。批评类文书的标题可从简，只写文种名；正文的主体包含事件、公司制度、事件性质、处置措施、号召要求等；正文的结尾处通常为"特此通报批评"；落款为发文单位和发文时间。

秘书在撰写批评类文书时，一定要实事求是，措辞严厉，以起到一定的震慑作用。批评类文书可以根据批评的目的不同选择公开或不公开。

下面是北京一家公司的秘书协助领导起草的一份批评通报。

通报批评

××××年××月××日人事部员工赵××……

公司明令规定……赵××的行为……现根据公司相关制度，管理层研究决定给予赵××……处分，并通报批评。

希望赵××……也希望全体员工……

特此通报批评。

××公司

××××年××月××日

小·提示 秘书在撰写批评类文书时要格外注意措辞。

2.4.4 建议书类文书格式

建议书类文书包括标题、正文、落款 3 个部分。

秘书在撰写建议书类文书时，不仅要写出公司存在的问题，还要写出解决问题的方法。

正文一般包括称谓、主体、结尾 3 个部分，其中主体包括建议的原因、目的、内容，结尾一般说明希望建议被采纳。

下面是北京一家公司的秘书草拟的建议书。

关于施行绩效工资制度的建议

董事会、总经理：

　　最近在……发现员工因……积极性不高，为了……我谨提出关于绩效工资的几点建议。

　　1.…………

　　2.…………

　　3.…………

希望各位领导考虑采纳。

　　　　　　　　　　　　　　　　　　　××公司秘书处　刘××

　　　　　　　　　　　　　　　　　　　××××年××月××日

2.4.5 感谢信类文书格式

感谢信类文书同样包含标题、正文（包括称谓、主体、结尾）、落款 3 个部分。正文的主体往往概括对方给予的帮助，对其做出正面评价并表示衷心感谢。正文的结尾通常写"此致　敬礼"。

下面是北京一家公司的秘书协助领导起草的感谢信。

感谢信

×××公司：

　　在今年第三季度我司遭受严重的财务危机的时刻，贵公司倾囊相助，挽救我司于危难之中。现在我司各项工作正常运转，财务状况向好。我司谨向贵公司表示衷心感谢。

　　此致

敬礼!

××公司

××××年××月××日

2.4.6　总结类文书格式

总结类文书由标题、正文、落款3个部分组成，各部分的格式要求大体上与以上各文种的格式要求相同。

秘书在撰写"工作总结"时通常先写"主要成绩"，再写"存在的问题"，最后写"未来的打算"。"存在的问题"这部分可以略写。

下面是北京一家进出口公司的秘书协助领导草拟的较为规范的年度工作总结。

××公司××××年度工作总结

　　在过去的××××年里，公司实现了超额盈利，各方面工作都取得骄人成绩……但也存在许多问题，下面我谨代表公司做如下工作总结：

一、主要成绩

　　1.…………

　　　（1）…………

　　　（2）…………

　　2.…………

　　　（1）…………

　　　（2）…………

二、存在的问题

　　1.…………

　　　（1）…………

　　　（2）…………

（续）

```
     2.············
      （1）···········
      （2）···········
 三、几点建议
      1.···········
      2.···········

                                    ××公司
                           ××××年××月××日
```

💡 **小·提示** 目前常见的总结类文书多突出笼统的成果、问题等，而少用数据。为了更直观、有力地表现问题，不妨多用一些数据。

2.4.7 介绍信类文书格式

秘书在单位内部其他部门或者外单位办理工作业务时往往少不了介绍信。特别是在法务办办理合同盖章或者资质审核等事宜时，法务办会要求秘书提供介绍信。

通常，介绍信由标题、正文和落款 3 个部分组成。

以下是北京一家公司的秘书写的介绍信。

介绍信

××公司负责同志：

今介绍我公司秘书××前往贵公司办理合同盖章具体事宜，请予接待！

此致

敬礼！

                           ××集团公司××分公司
                                    （公章）
                           ××××年××月××日

2.4.8 答谢词类文书格式

答谢词类文书包括标题和正文两个部分。正文开头处顶格写称谓，为表示对对方的尊敬，称呼前可加上"尊敬的""敬爱的"等修饰语；主体表达对主人款待的感谢，概述来访的目的和收获；结尾一般表达祝愿或再次感谢。

下面是北京一家公司的总经理秘书协助总经理拟写的答谢词。

答谢词

女士们、先生们：

首先我代表一行全体人员对 ×× 公司的盛情款待表示衷心感谢。

此次来访，在于……

虽然时间仓促，但是收获很大……

最后，再次表示衷心的感谢，愿……

2.4.9　开幕词类文书格式

开幕词类文书一般包含标题和正文两部分。标题一般为事由 + 文种，此外，有些标题还包括时间（以括号标注）和致辞人。正文通常先介绍参会的领导以及各方嘉宾；然后回顾过去工作的成绩、经验以及不足之处，提出本次会议的议题，并提出希望和要求；最后通常以"预祝大会圆满成功"等表述做结尾。

下面是北京一家公司的秘书协助总经理拟写的会议开幕词。

×× 公司部门经理会议开幕词
（××××年××月××日）
郭××

各部门经理：

大家下午好！

我谨代表……欢迎……下面我宣布大会正式开幕。

首先，回顾一下各部门的阶段性工作成果及不足。

1.…………

2.…………

其次，针对各部门存在的问题，确定主要议题和议程。

1.…………

2.…………

再次，确定各部门会后工作任务和执行方针，希望……

1.…………

2.…………

最后，预祝大会圆满成功。

第3章

档案工作：类别分好，管理流程化

秘书在日常的工作中，需要掌握档案的不同分类方法、档案的收集和鉴定、档案的整理和检索、文件的编制和修改等知识。

3.1 档案的不同分类方法

档案通常是根据内容性质、载体形式、信息记录方式和所有权形式进行分类的。

3.1.1 根据内容性质分类

我们先来看一个例子。

某公司的实习秘书在整理公司文书并准备归档。实习秘书把公司的文书根据文种进行了分类，并且把它们按照时间进行了排序。细心的她还把文书后面的附件都抽取出来，单独装订成册，最后把这些整理好的文书和附件一起装进了档案盒，填好档案名称，移交到了档案室。可是档案管理员看后认为实习秘书缺乏相关知识。

其实公司的文书都属于普通档案，秘书只需要按照时间、事由和重要程度来排序就好，而且没有必要把附件单独装订成册。

那么秘书应该怎样根据内容性质将档案分类呢？答案如表3-1所示。

表 3-1　根据内容性质分类

	具体内容
两种划分方法	① 首先把档案分为普通档案和专门档案两大类，然后针对这两大类进行细分。普通档案可分为党务档案、政务档案等，专门档案可分为公安档案、诉讼档案、会计档案、科技档案、人事档案、社会保险档案等。 ② 将档案直接分为文书档案、公安档案、诉讼档案、会计档案、科技档案、人事档案、审计档案、社会保险档案等

💡 **小·提示** 在工作过程中，秘书最常用的档案就是人事档案和文书档案。

3.1.2　根据载体形式分类

根据载体形式的不同，档案可分为纸质档案和电子档案。

北京一家新成立的建材公司的老板聘用了一名文秘专业的毕业生来做自己的秘书，同时负责公司档案的管理工作。秘书为了保证公司档案的齐全，每收到一份档案，都会将其直接放入档案柜存档并将电子档案直接存入 U 盘，同时打印一份，并将 U 盘和打印的纸质档案一起放入档案柜里，而没有根据载体形式对档案进行分类。

就这样，档案越来越多。由于她没有丰富的档案归类经验，其整理的档案杂乱无章。一次，老板要她调取所有的纸质档案（不包含根据电子档案打印出来的纸质档案）。可是，老板左等右等，就是不见她带着自己要的档案来办公室，于是就去了档案室，看到她正在手忙脚乱地翻找着。结果她因为管理档案不当和影响工作进程而受到了严厉的批评。

新来的秘书由于缺乏档案归类经验以及专业知识不扎实，把所有的档案都放在了一起。她应该按照载体形式对档案进行归类整理，这样在老板要求调取所有纸质档案的时候，她就可以按照载体形式来检索，调取相应的档案。

3.1.3　根据信息记录方式分类

根据信息记录方式的不同，档案可以分为文字档案、图形档案和声像档案等，如表 3-2 所示。

表 3-2　根据信息记录方式分类

类别	具体内容
文字档案	一般可以细分为以下几类。 ① 产品文字材料，包括各种建议书、试验大纲、分析报告、审查报告、运行报告、总结等。 ② 科研文字材料，包括各种合同、协议书、任务书、科研报告、调查报告、开题报告、实验报告、鉴定证书、发明申请书等。 ③ 设备文字材料，包括各种说明书、技术规程、维护保养规程等
图形档案	一般包括产品图样、设备图样和施工图样等
声像档案	可以细分为照片档案、录音档案、录像档案、影片档案

　　如果秘书对档案的信息记录方式不是很了解，那么就不能正确地按照信息记录方式对档案进行分类，如若因此造成档案类别的混乱，同样会对后期的检索调取产生影响。

　　北京某家汽车设备贸易公司的业务遍布全球。一天，公司老板让秘书把汽车核心设备的图形档案调取出来，并把其中的设备图样寄往某家汽车制造公司。

　　接到任务的秘书顿时感到手忙脚乱，因为平时她对经手的档案并没有严格地按照信息记录方式来进行归类，没有办法一下子调取特定类别的档案，只能一份一份地翻找。最后，秘书把附有设备图样的技术规程档案错当成设备图样提取出来，寄给了那家汽车制造公司。

　　结果老板再也没有接到那家汽车制造公司的订货消息。经过调查，老板发现那家汽车制造公司竟然制造出了和自己公司自主研发的核心设备高度相似的产品，不仅能够自给，而且大量地向市场输出。

　　原来，秘书的疏忽导致了公司核心技术外泄。最后，这位秘书被老板辞退，为自己档案工作的失误付出了代价。

　　小·提示 在互联网时代，电子档案越来越多。秘书需要做好档案的保密工作，以防公司的核心信息泄露出去。

3.1.4　根据所有权形式分类

除了前面提到的按照内容性质、载体形式和信息记录方式对档案进行分类，我们还可以根据所有权形式对档案进行分类。

在企业的实际工作中，根据所有权形式的不同，档案常常被分为公共档案和私有档案。

公共档案在国有企业中比较常见。公共档案一般是具有社会意义、所有权属于国家的档案。通常，这类档案所记载的信息资源涉及社会核心信息，所以这类档案的掌握权和控制权属于国家。

私有档案一般是指所有权归属于个人或者私有组织的档案。私有档案一般被分为以下两种。

① 集体所有制单位产生和形成的档案。

② 个人、家庭、家族产生和形成的档案。

针对公共档案和私有档案，负责档案工作的秘书必须按照《中华人民共和国档案法》的规定分别采取相应的办法进行收集和管理。

对于公共档案，秘书要及时地按照相关规定和程序移交国家档案馆；对于私有档案，秘书可以代表企业进行整理，然后移交企业档案室进行保管。

如果秘书对不同类型的档案没有采取合适的收集和管理办法，就会造成档案归类、管理与利用的混乱，或者给不法分子以可乘之机。

王娟娟刚刚入职某公司文秘岗位，主要负责该公司的档案管理工作。由于王秘书之前没有做过档案管理工作，对工作流程不太熟悉，加上交接人——前任秘书离职得很突然，对于很多档案管理工作，王秘书也只能摸着石头过河。

王秘书收到了前任秘书发给自己的工作交接单，里面对于公司档案管理工作方面的内容只是简单地说明了档案的不同类型：公司召开的各类会议的相关文件、公司的规章制度文件等。

王秘书只能硬着头皮干。她从公司召开的各类会议的相关文件着手整理档案。

公司全年召开了上百场会议，有股东大会、表彰大会、计划生产会议、销售会议，也有公司党组织召开的各种会议。王秘书将这些会议的文件简单地按照会议召开时间的先后顺序整理好，甚至都没有对这些文件做简单的分类。

在公司开晨会的时候，总经理忽然提起了"档案管理"这件事情，他催促王秘书在会后将整理好的会议档案送到他办公室。

总经理在职场深耕多年，深知新人需要指点，以免由于无人指导，新人一通蛮干，耽误工作。

王秘书会后将自己整理好的公司会议的档案递到了总经理手上。总经理看完，深深地叹了口气。

"小王，你在做档案整理之前，是否了解过之前档案是怎么整理的？"总经理对王秘书说道。

"总经理，由于公司的档案繁多，留给我的整理时间比较短，我还没来得及看以前整理过的档案。抱歉！"王秘书对总经理说。

"小王，磨刀不误砍柴工。你要先了解档案的整理方法，然后再开始干。这样能避免反复修改。"总经理说。

总经理喝了一口水，然后指着王秘书递过来的一摞档案说："小王，你看，公司每年都召开上百场会议，你首先需要对公司的各类会议进行分类。例如，将公司的会议分为管理活动会议，党建工会活动会议，公司当年比较重要的对外交流的国内会议、国外会议，等等。"总经理边说边在白纸上给王秘书写出整理要点。

"好的，总经理，我受教了，之前我确实没有对档案分类与规整的方法进行深入了解。"王秘书带着歉意说。

"小王，我们对公司的会议进行分类，是为以后查阅档案提供一定的便利。此外，我们公司的党建会议文件是要交由党组织部归档的。这个需要重视一下。简单地将公司的所有会议文件按照时间的先后顺序进行整理是不对的。"总经理说完，将档案递给了王秘书，示意她回去修改。

"总经理，我回去一定好好修改，按照会议归类的档案管理要求对档案进行归类整理。"说完，王秘书拿着文件转身走出了办公室。

3.2 档案的收集和鉴定

秘书在档案工作中，要掌握档案的收集和鉴定方法，这样才能更好地完成档案工作。

3.2.1 档案的收集方法

关于档案收集，秘书应该明确的要求及方法如表 3-3 所示。

表 3-3 档案收集的要求及方法

要求	方法
依法收集档案	秘书应该依据《中华人民共和国档案法》的规定，把分类整理好的档案及时移交档案馆。属于公共档案的，及时移交国家档案馆；属于私有档案的，及时移交单位档案馆。而档案馆必须依法接收档案，并履行对档案的保管义务
协商、协议接收与移交	相关档案馆秘书与相关单位对法定接收权利与义务范围以外的，可以共同的社会责任感为基础，或者以达到双赢为目的，进行档案的移交与接收的协商，做到协议移交与接收；而对于法定移交与接收范围内的单位，双方可以在移交与接收的时限上进行协商，达成一致意见
主动生成档案	秘书可以协调相关部门对一些文字、声像进行收集，将其整理成档案

3.2.2 档案的鉴定方法

通常所说的档案鉴定，是指对档案的真伪和有用性进行鉴定，而最主要的就是对档案的有用性进行鉴定。

北京一家新成立的建筑公司在年末对成立一年以来产生的文件进行整理，并做档案鉴定的工作。这时候，一些鉴定人员对某些文件的有用性和该不该归档保管产生了不一样的看法，为此争论不休。

有的人认为，直属上级机关是本单位的直接领导单位，对于上级机关留给本单位的所有文件都应该重点归档保存；至于本单位的文件，则不需要重点保存；而下属单位的文件更是没有存档保存的必要。

有的人认为，本单位的文件才是对单位工作及业务的真实、直接记录，是反映单位发展历程、指导单位后续工作的有利材料，所以凡是本单位的文件都是非常重要的，需要被永久保存；至于外来的文件，则要酌情考虑少保存或者不保存。

还有人认为，文件归档保存的依据就是对本单位具有查考和利用价值，所以对本单位没有价值的文件都应该成为准备销毁的对象。

为了统一鉴定人员的认知和工作方法，参与档案鉴定的公司秘书找来了有关文件归档范围鉴定的相关资料，让大家集中学习，掌握档案的鉴定方法。

档案的鉴定方法可分为宏观鉴定和微观鉴定，如表 3-4 所示。

表 3-4　档案的鉴定方法

方法	详细说明
宏观鉴定	宏观鉴定的鉴定对象是各个立档单位的形成档案。宏观鉴定通常是以各个档案文件之间的相互关系作为鉴定基础，把各个立档单位作为鉴定的中心，对全宗档案的形成者所担任的社会角色和发挥的社会职能进行分析和鉴别，并依据它曾经的业务活动对保持社会历史信息和印记的重要程度来决定各个立档单位的形成档案的整体保存方法和社会价值
微观鉴定	微观鉴定的鉴定对象是相对宏观鉴定而言的，微观鉴定是针对具体的一个单位的档案或者只是其中某部分、某份档案的鉴定

3.3　档案的整理和检索

秘书在日常的档案工作中，应该掌握一些档案整理和检索的知识，以便顺利开展档案整理和检索工作。

3.3.1　档案的整理步骤

一般情况下，档案整理大致可以分为确定归档范围、收集文件、分类、排列、编号、计算机录入与装盒保存等步骤，如表 3-5 所示。

表 3-5　档案的整理

步骤	详细内容
确定归档范围	秘书在整理档案之前首先要明确哪些文件是需要归档整理的。秘书需要归档的文件分为 4 种。 ① 上级单位下发文件：上级单位对本单位下发的"红头文件"，上级单位相关人员来本单位的重要讲话、照片或者影音材料等。 ② 本单位形成的文件：本单位开会时形成的会议纪要、工作规划、工作总结、工作简报及单位变革形成的人事档案等。 ③ 同级单位的往来文件：单位之间检查业务时形成的文件档案，协商工作时形成的文件等。 ④ 下级单位报送的重要文件：下级单位报送给本单位的工作统计表、工作总结与工作计划等。一些临时性的文件或者文件的修改稿不用进行归档
收集文件	秘书在日常工作中要注意对一些重要文件进行收集、存档，而不是等到要交档案材料时才进行收集
分类	秘书对于收集的文件，要根据公司要求和相关分类方法进行分类，以便以后查找
排列	秘书在对文件进行排列时，一般要遵从两个原则："时间顺序"原则和"成套"原则。 "时间顺序"原则指的是档案以事件发生的先后顺序进行排列。 "成套"原则要求具有"成套"性质的文件应当集中归档，并且各套文件之间不可混淆，如"会议文件"或者"统计报表"等
编号	秘书在对纸质文件进行编号的时候可以按"全宗号—年度—室编件号—保管期限"的顺序编号
计算机录入	秘书在整理完纸质档案后，通常要将其录入单位的"档案管理"电子信息系统，以防纸质档案丢失或损毁
装盒保存	秘书要将纸质档案放入专门的档案盒里保存，然后将档案盒送到单位专门的档案科进行归档保存。此时，秘书要注意的是，档案盒的正面要写明全宗名、档案编号等内容，并且档案盒脊上也要写上相应的内容

3.3.2　档案的检索工具和检索方法

检索工作是调取和利用档案前的准备工作。秘书了解了检索工具和检索方法，就可以轻松地解决档案查找问题，大幅度提高档案的调取和利用效率。

北京某医药公司每年都有大量的药品进销管理业务，由于药品种类繁多，规格又不一样，导致药品信息非常庞杂。该公司的秘书在对这些药品信息进行整理的时候没有编制有效的检索工具，而且对档案检索的方法知之甚少，所以每次对这些药品信息进行手工管理和检索调取的时候，她都会被大量的工作搞得晕头转向。更糟糕的是，在检索信息的过程中，她所做的重复工作特别多，费时费力，效率低下。

年底的时候，老板叫秘书做一个统计报表，把一年以来的出库量和入库量进行统计，并将所有的药品信息进行汇总。秘书由于不懂信息档案的检索方法，在整理药品信息时又没有编制有效的检索工具，因此在做统计报表的时候不仅浪费了大量时间，而且漏掉了很多重要的信息，给公司造成了严重的经济损失。

不难发现，上述案例中的秘书之所以没能完成领导布置的工作，主要是因为她存在两个方面的不足：一是不懂得编制有效的检索工具，二是不了解具体的档案检索方法。

常见的检索工具如表 3-6 所示。

表 3-6　检索工具

名称	分类
检索工具	① 根据编制方式的不同，检索工具可以分为目录、索引和指南。 ② 根据载体形式的不同，检索工具可以分为书本式检索工具、卡片式检索工具、机读式检索工具和缩微检索工具。 ③ 根据检索范围的不同，检索工具可以分为全宗范围检索工具、档案馆范围检索工具、专题范围检索工具和馆际检索工具。 ④ 根据功能差异，检索工具可以分为馆藏性检索工具、查检性检索工具和介绍性检索工具

秘书应该掌握的档案的检索方法如表 3-7 所示。

表 3-7　档案的检索方法

方法	详细说明
分类法	首先进行科学的分类，然后在科学分类的前提下，研究档案的内容和特点。这时候可以把性质相同的档案线索聚在一起，依据档案性质分门别类地组成一个检索体系
按作者检索法	也称为按责任者检索法。顾名思义，就是把同一个作者形成的文件的线索放在一起，形成一个检索体系
按文号检索法	依据文号目录和对照表，按照文号的先后顺序进行文档的检索
按字序检索法	一般情况下，采用部首偏旁、笔画数、笔形与笔画数相结合的方法进行检索，此外还可能用到四角号码法
按地序检索法	根据文件形成的地域进行排列检索。历史档案和专业性较强的档案常用这种检索方法
按主题检索法	如果使用的是编有主题词的检索工具，可以按照主题词的字序进行检索

小提示： 正确的档案检索方法在档案调取和利用方面发挥着重要的作用，如桥梁作用、交流作用和管理作用。秘书应该把上面提到的几种检索方法熟记于心。

3.4　文件的编制和修改

秘书在日常的档案管理工作中，对归档文件进行编制和修改，通常从 3 个方面着手：第一，指定对应部门的编写人；第二，注意编写的七大要素；第三，注意文件编号的五大层级。

3.4.1　指定对应部门的编写人

秘书在日常的档案管理工作中，要熟悉档案文件的编制程序和要求，根据文件的编制程序和要求，结合企业各部门在工作活动中的职责和权限，对文件编制工作在各部门之间进行分工。

第一，根据部门职能以及权限确定各个文件的主要负责部门，在此基础上，进一步确定主要负责部门中的主要负责人，也就是对应部门的编写人。

第二，由确定的主要编写人根据文件的编制要求起草文件。编制要求包含以下两点。

① 明确并指定企业中各个文件的主要负责部门和编写人。

② 明确并规定各个文件的编写时间和完成时间。

又到一年年底，公司总经理将王秘书叫到了办公室。

"小王，又到年底了。档案工作该启动了。往年各个部门都要花费大半年时间对档案进行归整。现在有个任务交给你，将各个部门在档案工作中的职责和权限进行细化，对各个部门的档案工作进行合理分工。"

"好的，总经理。我按照您的指示做一份职责清单。"说完，王秘书拿着笔记本回到了工位。

王秘书拿起笔，在本子上做了一份计划：今天下午找人事部任经理沟通档案编写具体事宜，明天上午找财务部张经理沟通档案编写具体事宜，明天下午找办公室刘主任沟通档案编写具体事宜。

王秘书花费了一天半的时间与人事部、财务部以及办公室负责人沟通工作，明确了档案编写的时间和 3 个部门具体的编写人。

首先，王秘书明确了档案编写的时间范围。从 2022 年 12 月 1 日到 2023年 6 月 20 日，人事部、财务部和办公室 3 个部门组织专人对 2022 年全年的档案进行编撰。

其次，王秘书与 3 个部门的负责人沟通，明确了各个部门具体负责编写档案的编写人：人事部是王明明，财务部是张扬广，办公室是刘婷婷。

最后，王秘书通过与 3 个部门的负责人沟通，对 3 个部门归档的范围进行了归总。

王秘书与人事部的任经理沟通好了人事部的归档范围，具体如表 3-8所示。

表3-8　人事部的归档范围

序号	档案类目名称	保管期限	归档时间
1	人事部红头文件	永久	6月20日前归上一年发文
2	各系列职称评定材料（如各部门备案文件等）	永久	6月20日前归上一年材料
3	各部门职务聘任材料（如各部门备案文件等）	永久	6月20日前归上一年材料
4	公司人事工作方面的各种统计表	永久	6月20日前归上一年材料
5	职工花名册	永久	6月20日前归上一年材料
6	职工奖惩材料	永久	6月20日前归上一年材料
7	职工调入、调出、退职、离职材料	30年	6月20日前归上一年材料
8	公司人事工作规划、报告	永久	不定期
9	上级有关公司人事工作的文件	永久	不定期
10	人才队伍建设、人事分配制度改革、福利工作等相关材料	30年	不定期
11	人事工作规章制度、岗位职责	30年	不定期
12	公司性人事工作会议材料	30年	不定期
13	其他重要的文件材料	30年	不定期

王秘书与财务部的张经理沟通好了财务部的归档范围，具体如表3-9所示。

表3-9　财务部的归档范围

类别	序号	档案类目名称	保管期限	归档时间
综合类	1	单位撤并时会计资料归档清册	永久	不定期
	2	财会档案销毁清册	永久	不定期
	3	上级有关公司财会工作的文件材料	30年	不定期
	4	上级下达各项经费指标的通知文件及复函	30年	不定期

（续表）

类别	序号	档案类目名称	保管期限	归档时间
综合类	5	财务工作规章制度、岗位职责	30 年	不定期
	6	电子会计档案	永久	6 月 20 日前归上一年材料
会计报表	7	公司预算、决算报表	永久	6 月 20 日前归上一年材料
	8	银行存款余额调节表	10 年	6 月 20 日前归 3 年前材料
会计账簿	9	总账	30 年	6 月 20 日前归 3 年前材料
	10	明细账、日记账（现金日记账、银行存款日记账）	30 年	6 月 20 日前归 3 年前材料
工资材料	11	工资发放名册	永久	6 月 20 日前归 3 年前材料
	12	工资变动单等材料	永久	6 月 20 日前归 3 年前材料
各类凭证	13	外汇凭证	永久	6 月 20 日前归 3 年前材料
	14	涉及债权、债务及未清理完毕的凭证	30 年	6 月 20 日前归 3 年前材料
	15	财务凭证	30 年或永久	6 月 20 日前归 3 年前材料

王秘书与办公室刘主任沟通好了办公室的归档范围，具体如表 3-10 所示。

表 3-10　办公室的归档范围

序号	档案类目名称	保管期限	归档时间
1	上级机关下发的有关公司行政管理的文件： （1）批办类 （2）存档类 （3）传阅类	永久 永久 30 年	6 月 20 日前归上一年材料

（续表）

序号	档案类目名称	保管期限	归档时间
2	规章制度汇编	永久	6月20日前归上一年材料
3	公司会议记录、纪要	永久	6月20日前归上一年材料
4	公司大事记	永久	6月20日前归上一年材料
5	公司年度计划和总结	永久	6月20日前归上一年材料
6	公司负责上报的年度报表及综合统计	永久	6月20日前归上一年材料
7	各部门向公司总经理的请示报告及公司的批复（文件批办单），包括合同协议类批办文件	30年	6月20日前归上一年材料
8	公司督查工作材料	30年	6月20日前归上一年材料
9	公司性发展规划、计划、纲要等	永久	不定期
10	公司领导名单、分工及简历	永久	不定期
11	公司领导人名电子印章	永久	不定期
12	停用行政印章文件	永久	不定期
13	有关公司性工作的调查材料和经验总结	永久	不定期
14	公司领导在公司性会议上及参加公司外会议所做的报告、讲话原稿	永久	不定期
15	公司重大活动、重要会议文件材料	永久	不定期
16	公司领导与上级领导之间、本公司与外单位之间有关工作问题的重要的、有保存价值的来往文书	30年	不定期
17	重要的群众来信来访文件材料（涉及重要方针政策的申诉、检举、揭发和落实等问题以及对公司领导批示有参考价值的重要材料）	30年	不定期
18	公司工作规章制度、岗位职责	30年	不定期

（续表）

序号	档案类目名称	保管期限	归档时间
19	其他重要的文件材料	30 年	不定期

附注：

1. 上述材料应包含各种载体，如纸质、电子（光盘、电子文档）、录音、录像、照片、实物等，各种载体的档案材料应分开立卷。

2. 上述不定期材料按实际发生情况，办结后及时归档。

王秘书将与 3 个部门的负责人沟通好的档案编写时间和内容向总经理进行汇报，得到了总经理的表扬。

3.4.2 注意编写的七大要素

一篇好的文书不一定有华丽的辞藻，但一定格式正确、叙事具体、清晰明了。

北京市某工业总公司为了配合节能生产的需要和国家的环保政策，决定改革各分厂的生产机制和更新生产设备。该公司的总经理把改革的精神传达给了秘书，要求秘书写一份企业生产改革文件，分发给公司各分厂的负责人，并且要求各分厂负责人在接到文件之日起开始执行。秘书拟好文件之后，并没有呈请总经理批复。接到文件的各分厂负责人并没有高效贯彻落实改革工作，甚至使各分厂的生产效率受到了影响。

于是总经理查看了秘书起草的文件，才发现文件中并没有明确改革工作的范围，也没有对各部门的职责进行分工，导致分厂内部的工作乱作一团；而且对涉及新设备的一些功能解释的专有名词没有进行解释，也没有附上新设备的操作流程图，致使员工不能灵活地操作新设备。结果，秘书受到了总经理的严厉批评。

秘书要把文件编写的要素当作常识记住，具体如表 3-11 所示。

表 3-11 文件编写的要素

要素	详细说明
目的	对文件的执行者来说，文件的目的就像一个风向标，它能够指引执行者达到文件想要达到的目的，取得文件想要达成的效果
范围	秘书既要明确文件所适用的范围，也要在行文中明确地表示文件所能支配的范围，如文件的活动、管理和职能范围
定义	文件中的定义就像一款产品的说明书，而文件中包含的特定和罕见的名词术语就是该产品的零件或者按钮。有了说明书的指导，产品使用者才能够明确零件或者按钮的功能和操作方法。同样，文件中有了定义，文件执行者才能够参透名词术语的指示意义，从而顺利地贯彻执行文件精神
职责	秘书要充分重视文件对主要职责的划分，并且要明确指出文件的职责部门。文件的职责划分，就像切蛋糕，相关人员要保证蛋糕的享用者能够分得同样大小的一部分；也像划分卫生区，相关人员要保证卫生区的责任人能够在一样大小的区域内尽到义务和责任。其实，进行文件的职责划分，就是要保证相对的公平公正，让文件精神能够贯彻落实
时限	秘书要在行文中把握好文件的时限。例如，针对某项活动，在行文中，秘书必须规定明确的时限。只有把控好时限这个要素，才能有效保证文件执行者的工作效率
修改记录	秘书要在行文中明确本文件每次修改的记录和概要
文件概要和流程	秘书要明确文件的类型，以便附上相关的、必要的附件。如果是规定类文件，要附上文件的概要；如果是程序类文件，要附上文件的流程图

💡 **小·提示** 对于秘书来说，掌握文件编写的七大要素的重要性是不言而喻的。在具体的文件编写或者文件编写协调指导工作中，秘书应牢记这七大要素，否则一旦出现纰漏，就可能影响公司的全局工作，造成不必要的损失。

3.4.3 注意文件编号的五大层级

秘书在日常的文件编写和文件编写协助指导工作中，要特别注意文件编号的正确书写，注意区分层级，最好把文件编号的层级关系以结构图的方式加以整理，方便记忆。

北京某家食品添加剂公司常年出口各种食品添加剂，由于享受国家的出口扶持政策，每次的出口都会享受相应的退税待遇。该公司的生意越来越好，业务范围也越来越广。

随着业务范围的不断扩大，申请出口退税的工作自然也就变得多了起来。在申请出口退税的工作中，最为烦琐的是出口退税申请文件的序号的编写工作。如果编写人员注意力不够集中，很容易就会把序号编写错误。

该公司总经理为了使业务更加顺利地进行，提拔内勤部的小周作为自己的新秘书，多了一位秘书，总经理认为自己的工作负担会大幅度减少。虽然小周平时在内勤部工作勤恳、表现突出，备受同事和领导的称赞，但是她对于秘书这一新职位以及这个岗位的日常职责还是比较陌生的。

小周凭借自己的细心和努力，在一个月以后，已经基本可以胜任秘书的日常工作。美中不足的是，一次她在编写出口退税申请文件时，不小心写错了税号，导致海关的退税管理工作受到影响。

通过案例可以看出，秘书在编写公司文件的时候都要注意文件编号的编写要求，严格按照要求编写。

一般情况下，文件编号按照下面的层级要求进行编写，如图 3-1 所示。

| 公司代号 | → | 文件类别 | → | 文件层别 | → | 文件序号 | → | 记录编号 |

图 3-1　文件编号的层级

值得秘书注意的细节问题通常包括序号文样的选择和文件类别序号标示的选择。一般情况下，序号文样要选择阿拉伯数字，如 01、02、03 等。对于文件类别序号标示的选择，如果文件是管理手册类，序号标示就要采用阿拉伯数字 01；如果文件是程序类，序号标示就要采用阿拉伯数字 02；如果文件是公司级管理性制度类，序号标示就要采用阿拉伯数字 03；另外，如果是部门自己的安全管理制度文件，序号标示可以采用部门拼音首字母的组合，如生产部门的序号标示是 SC。

另外，秘书还要注意，所有文件必须要有版本标示，如果文件更新了，版本也要随着更新。

毋庸置疑，秘书只有把这些细节问题都注意到，才能从根源上杜绝错误，进而避免给公司带来不必要的损失。

第二篇

礼仪篇

礼

第4章
接待工作：规划先行，礼仪并重

秘书负责接待工作时必须做好接待规划，尽量不要出现纰漏，同时要注重接待礼仪。

4.1 接待规划

接待规划是接待前的工作，一般包括 TWW、来意、来者身份、来者人数和来访方式、时长、预算这几个部分的内容。

4.1.1 TWW（Time，Where，Who）：时间、地点、人物

秘书在接待来宾之前，最好先和来宾电话联系一下，将一些细节问题询问清楚，做到心里有数。例如，问清楚来宾的出发时间、到达目的地的时间、到达的目的地（机场、车站）、一行人的职务或身份等。

北京某公司董事长的两位秘书均从业多年，但是薪资水平却不一样，原因就在于两个人的工作能力不同。

一天，正忙于工作的董事长秘书小吴突然接到了董事长的电话："小吴，公司有一个重要客户准备到公司来考察产品状况，你先帮我联系一下，问一下他们什么时候过来。联系方式在档案管理部程经理那里。"

过了一会儿，小吴再次接到董事长的电话："联系到了吗？"

小吴："他们说可能下周过来。"

董事长："下周几过来呢？"

小吴："这个我没问。"

董事长："那他们是坐火车来还是坐飞机来？我们去哪个车站或者机场

接他们？"

小吴："啊？这些您没有吩咐，我没问。"

董事长："那他们一行有多少人呢？来的人都是什么职务呢？"

小吴："这个您也没有让我问呀？"

这时候董事长秘书小赵出差回来，接到了董事长的电话。董事长说："下周有一个重要客户要来公司考察，你问一下他们什么时候到。联系方式在档案管理部程经理那里。"

过了一会儿，小赵办公室里的电话响了，是董事长打来的。

董事长："联系到了吗？"

小赵："嗯，联系到了。他们是乘下周五下午3点的飞机来，大约晚上6点钟到达首都国际机场。他们一行5人，由采购部王经理带队，其他的就是采购部的职员。我已经告知他们到时公司会派人到机场迎接。"

董事长："嗯，好的。"

小赵："另外，董事长，他们计划在公司考察3天的时间，但是他们还不了解公司情况，所以具体的行程安排等见面后双方再商榷。因为考察时间不算短，为了方便来客的工作和生活起居，我建议把他们安置在公司附近的国际酒店，如果董事长没有意见，我明天就去订房。还有，天气预报说下周几乎每天都是阴雨天气，我会和对方保持联系，如果情况变化，我会及时汇报给您的。"

董事长："好的，没问题。"

由此不难看出两位董事长秘书的薪资水平为何有差别。

💡 **小提示** 秘书在接待公司贵宾或者老客户前，要确定好对方出发的时间、到达的时间、乘坐的交通工具、到达的地点、日程安排、前来考察的人员的数量及职务，这样便于提前安排适合的人员前去迎接，就近安排食宿等事宜。

4.1.2 来意：谈业务或访问交流

秘书常常会遇到不请自来者，如果遇到没有预约而自行登门拜访的客人，千万不能拒人于千里之外，因为他们可能是公司的重要客户。如果秘书把这类客户拒之门外，显然会给公司造成损失。但是，秘书也不可将对方直接引荐给领导，因为对方也可能不是公司的重要客户，甚至和公司没有业务关系，只是借着访问交流的名义来开拓自己的业务。见这类人显然会浪费领导的时间。

所以，秘书在接待不请自来者的时候，要把握好度，不盲目排外，也不急于接受，最好直接询问或者旁敲侧击地了解其来意。

北京一家公司的胡秘书正在办公室忙碌着，突然一位西装革履的陌生男士走了进来。男士说自己应总经理之约而来，但是胡秘书在总经理的日程安排中并没有看到相关安排。胡秘书并没有直接送客，觉得也许是总经理自己约见的重要客户。

胡秘书看了对方的名片，了解到其是某杂志社广告部项目经理。胡秘书没有直接询问对方的来意，而是很热情地端茶倒水。

接着，胡秘书问了一句："您和总经理约在几点见面？"对方说："如果方便，希望很快见到总经理。"胡秘书心想，如果总经理自己约见客户，一定会告知对方确切的时间，所以他断定，对方是没有预约的。

胡秘书说："真不巧，总经理刚好在参加一个非常重要的会议。我想办法和总经理联系一下，告诉他您在这里等他，如果总经理无法抽身，就改约时间，可以吗？"对方很快便同意了。接着胡秘书问："那我该怎么跟总经理汇报您的情况呢？"经过了解，胡秘书得知对方是为杂志社编辑工商名册来开发客户的。由于总经理当天的工作安排比较多，胡秘书凭借以往的经验觉得这类访客还是恭恭敬敬地送走为好。

同时，胡秘书与总经理联系，反映了这位访客的情况，正往会议室走的总经理答复说不见。得到领导答复的胡秘书向访客说："很抱歉，总经理今日工作安排较多，很遗憾不能与您见面。"

虽然了解到了领导的态度，但胡秘书还是把接待工作做好，以一套委婉的说辞拒绝了对方，让对方免于陷入尴尬的境地。

案例中胡秘书的工作可以说做得相当到位，他没有贸然拒绝，也没有贸然引荐，而是慢慢摸清了对方的来意，然后恰当处理。

那么在实际工作中,在问对方来意的过程中,秘书要注意哪些问题呢?
具体如表4-1所示。

表4-1 问明来意

做法	详细说明
问明来意	① 对临时造访的客人,秘书要礼貌地询问对方的来意,再结合具体情况和自己以往的接待经验,做出适当处理,避免贸然拒绝这类客人。 ② 如果领导正在开会且会议接近尾声,而客人的事情也不复杂,可以让客人在会客厅等候;如果会议时间较长,而且领导的日程安排很多,则可以清楚地告诉客人,并且询问客人可否改日再约见。 ③ 如果客人确实比较着急,可以帮助领导在日程安排里挑一个空闲时间约见,并征求客人的意见;即使领导恰好独自一人在办公室,也不要贸然引荐,要在征得领导同意后,让客人进入办公室。如果领导不见,则要婉言辞送客人;如果领导想要择日再亲自会见,则要和客人协商预约双方都合适的时间,并请客人留下联系方式。总之,在接待没有预约的客人时,秘书要灵活机智应对,以消除领导可能遇见的困窘场面

4.1.3 来者身份:管理人员、普通员工

秘书在接待工作中,必须弄清楚来者身份,以便确定接待的规格。一般
情况下,秘书需要了解的几种接待规格及其内涵如表4-2所示。

表4-2 接待规格及其内涵

规格	详细说明
高格接待	在该接待方式下,主要陪同人员的职位比来宾的职位要高。也就是说,如果本单位对于来宾非常重视,或者本单位很重视来宾所代表的企业以及与其所代表的企业的生意往来,那么一般情况下,本单位出席的主要陪同人员在职位上要稍稍高于来宾。另外,如果是上级领导派来的工作人员到访,也应该高格接待。高格接待要少用。对对方用了一次高格接待之后,以后也应当如此,否则对方会感觉被冷落
低格接待	在该接待方式下,主要陪同人员的职位要比来宾的职位低。一般情况下,当上级领导到基层视察或者主管部门领导到基层视察时,接受视察单位可以进行低格接待

060

（续表）

规格	详细说明
对等接待	在该接待方式下，主要陪同人员的职位与来宾的职位相同，而且主客双方所主管的业务互相对口。这是最常用的接待规格，往往反映主客双方进行了友好的交流

小·提示 在接待工作中，秘书一定要弄清来者身份，因为这种细节性的工作事关全局。

4.1.4 来者人数和来访方式：分批、组团、个人

秘书筹划接待工作的时候，要弄清楚来者人数及来访方式，如是分批来访、组团来访，还是个人来访。

秘书在做接待工作时，通常根据来者人数确定包括会议室租用和材料打印在内的工作经费、住宿和餐饮经费、游览观光和娱乐经费、行程交通经费、纪念品经费等各项支出。另外，确定来访方式也有利于弄清楚接待工作的频次。例如，若来宾分批来访，秘书就要筹划安排若干批次的住宿和餐饮等工作；若来宾是组团来访或者个人来访，只需统筹安排一次相关的工作就可以了。下面来看一个秘书撰写接待方案以及完成接待工作的案例。

北京一家大型蛋糕生产设备公司的总经理最近接到一个南方蛋糕生产商的电话，对方表示自己通过同行介绍和电视广告了解到公司的蛋糕生产设备很先进，质量很好，生产效率也很高，所以打算择日来北京考察设备，如果满意，就会签署购买设备的协议。

总经理想要借此机会找到把业务延伸至南方市场的突破口，所以对这位客户的考察相当重视，吩咐秘书再次联系客户，了解相关细节，拟出接待方案。

秘书小李接到总经理分配的任务，很快就和这位客户取得了联系，了解到客户一行6人，包括总经理、1名生产部门主管、4名技术部门技术人员。此次考察团只有一批，对方总经理率考察团对公司的生产设备进行一次为期3天的考察活动。

秘书小李根据客户考察团的情况拟出了表4-3所示的接待方案。

表4-3 接待方案

名称	详细内容
接待方案	① 主要的迎接与招待陪同人员：总经理、设备制造生产部经理、技术部技术人员4名，并由秘书陪同。 ② 食宿安排：客户入住北京某国际酒店，安排2个豪华套间，再安排4个普通标间，客户在酒店自助餐厅就餐，日用餐标准为100元/人。 ③ 迎接：总经理率领设备制造生产部经理和4名技术部技术人员于10月9日晚在北京首都国际机场迎接，秘书陪同，安排公司接待车队送客户到预订酒店。 ④ 10月9日晚，总经理率迎接人员到客户入住酒店看望客户，并在酒店设宴招待，由秘书陪同。 ⑤ 10月10日，上午在酒店会议厅进行设备介绍和设备样图展示、业务洽谈，下午陪同客户下生产车间进行设备考察，晚间陪同客户简单用餐。 ⑥ 10月11日，总经理和设备制造生产部经理全天陪同客户游览北京故宫、长城、园博园等名胜，晚间用北京烤鸭招待，并由秘书陪同。 ⑦ 10月12日，上午在酒店会议厅进行设备各项参数、功能和操作程序的回顾和再介绍，并进行订单签订的洽谈；下午由迎接一行人员陪同客户去机场，为客户送行，并赠送客户北京纪念品，秘书提前订购客户返程的机票并陪同送行。 ⑧ 预算统计：会议厅租用2个半天共计 × 元，材料打印费共计 × 元，住宿费和餐饮费（含非招待用餐客户餐饮用费的报销）共计 × 元，旅游观光费共计 × 元，交通费共计 × 元，纪念品费共计 × 元

秘书小李将接待方案呈报给总经理进行批复，总经理对此接待方案非常满意。整个接待过程非常顺利，客户也表示相当满意，双方顺利签约。秘书小李的出色工作得到了总经理的褒扬。

秘书小李正是因为提前了解清楚了客户考察团的人数和来访方式，才起草出了针对性特别强的接待方案，从而能顺利执行接待工作。

💡 **小·提示** 秘书必须做好有关接待的细节性工作，弄清楚来者人数和来访方式。

4.1.5 时长：确定停留时间，安排后续工作

秘书在日常的接待工作中，还应该注意确定来者停留的时间。如果来者停留的时间比较长，秘书就必须把来者的食宿安排统筹到接待工作中考虑。如果这一环节没有把握好，很可能使整个接待工作陷入困境。

一家分公司接到消息，总公司将安排专家来考察。而后分公司总经理吩咐秘书做好两天的食宿安排。

于是秘书预订了一个套间，同时也向酒店客户部打好了招呼：先预订两天，如果客人没有实际入住，公司会对酒店空房做出一定的经济补偿；如果客人实际住宿天数超过两天，再在两天的基础上向后顺延，至于费用，等到客人走后再进行结算。

在总部专家到达北京首都国际机场的时候，按照原先的接待方案，迎接人员顺利把专家接到了公司。午宴时，专家简单地说了一下第二天的行程：上午召开总部战略方案的调整会议，下午召开宣传方案通知会议。另外，专家想要在行程结束后，在北京游览一天。

当初总经理只要求秘书做出两天的食宿安排，还好秘书心细多做了准备。事后，秘书受到了总经理的表扬。

> **小·提示** 秘书在接待工作中，要弄清楚来者的停留时间，即使领导没有叮嘱，也应该自己去核实来者的停留时间，做出合理的应对。

4.1.6 预算：确定单次预算和单人接待标准

预算工作是在完成了第 4.1.1 ~ 第 4.1.5 节的工作后进行的。

预算是秘书进行接待规划的重要环节。做好预算可以帮助企业明确接待的标准，帮助企业节约接待的成本，所以预算也是秘书的重要工作内容。

小邹是北京一家建材公司的秘书，在公司任职多年，但是一直没有受到领导的重用，也没能升职加薪，原因就是小邹工作不严谨，制订计划时思虑不周。

有一次，正在埋头办公的小邹突然听到同事在叫自己："邹秘书，总经理叫你去一下他办公室。"

小邹快速走向总经理办公室。

小邹："总经理，您叫我？"

总经理："我刚刚接到一个项目工程公司的电话，过几天他们要派代表团来咱们公司考察建材质量，可以的话，应该会跟咱们达成长期的战略合作。"

小邹："哦，那您需要我做些什么吗？"

总经理："这是对方的联系方式，你去起草一份接待方案并确认一下预算金额。"

接下来，小邹可能采取的做法如表4-4所示。

表4-4　可能采取的做法

类型	详细内容
第一种	小邹根本没有联系对方，而是根据上次某家工程公司的来访情况制订了接待方案
第二种	小邹虽然联系了对方，但是并没有弄清楚访客的人数及身份，只是问了到访时间
第三种	小邹虽然联系了对方，弄清楚了访客的人数及身份，也弄清楚了到访时间，但是没有问清楚停留时间
第四种	小邹与对方取得了联系，虽然弄清楚了访客的人数、身份及停留时间，但是却忘了确定到访时间
第五种	小邹与对方取得了联系，弄清楚了访客的人数、身份、到访时间、停留时间等细节问题

接下来分析一下上面的5种做法。

第一种做法是非常不可取的，既没有确定到访时间，也没有确定访客人数、身份、停留时间等，这样在做接待预算时，很容易造成成本浪费或者招待不周的问题。

第二种做法也是欠妥的，没有弄清楚访客人数和身份，除了会造成成本浪费或者招待不周的问题外，还可能会因为接待规格弄错导致其他问题。

第三种做法也是不妥的，没有问清停留时间，可能导致预算不够，进而怠慢访客。

第四种做法也是不妥的，不确定到访时间也会导致成本的浪费。例如，过早预订房间，会被酒店收取房间空置费等。

第五种做法是合理的，弄清楚了细节内容，便于做出合理的预算方案。

实际上，秘书小邹采取了第二种做法，结果预算做得不精确，造成了严重浪费。小邹最终受到了总经理的严厉批评。

一般情况下，秘书应该根据访客的身份、人数和行程安排来确定接待的规格和标准，进而给出合理的预算支出区间，形成接待预算方案，呈报领导批复。

接待预算的支出项目大体可以分为：交通费用、会议室租用费用、材料打印费用、会议设备租用费用、会场布置费用、住宿费用、餐饮费用、联谊活动费用、游览观光费用、纪念品费用等，如表4-5所示。为了方便统计，一些支出指标的标准应该具体到个人，如餐饮费用标准为 × 元 /（人·天）。

表 4-5 接待预算的支出项目

类型	详细说明
交通费用	交通费用基本上可以细分为3个方面。 （1）前往的交通费用 前往的交通费用就是访客从出发地到目的地产生的交通费用，一般包括铁路、航空、轮渡、公路和从目的地的机场、车站、码头到住宿地点产生的交通费用。 （2）访问期间的交通费用 访问期间的交通费用主要是访客在目的地完成行程而产生的交通费用，一般包括住宿地点到会议地点的交通费用、会议地点到餐饮地点的交通费用、会议地点或者住宿地点到商务考察地点的交通费用以及因其他需要可能产生的交通费用。 （3）返程的交通费用 返程的交通费用是指访客从目的地返回出发地产生的交通费用，包括铁路、航空、轮渡、公路和从住宿地到当地机场、车站、码头产生的交通费用
会议室租用费用	会议室租用费用不仅是指会议室本身的租金，还包括主席台、桌椅等常规设备的租金
材料打印费用	材料打印费用是指由于会议需要，必须人手一份的文件或资料产生的打印费用

（续表）

类型	详细说明
会议设备租用费用	会议设备租用费用主要是指租赁一些特殊的非常规的会议设备的费用，一般会涉及同声翻译设备、摄录和展示设备等设备的租金，通常还会包括相关的技术支持和设备维护费用
会场布置费用	会场布置费用是指根据会议的特殊要求而对会场进行特殊布置产生的费用
住宿费用	住宿费用一般是指根据访客人数预订相应数量房间而产生的费用。秘书应根据访客的身份预订不同标准的房间，但是要注意最好明确每个人的住宿标准
餐饮费用	餐饮费用通常是根据用餐类型和方式进行预算规划的。一般情况下，早餐和午餐可以为自助餐，因为自助餐比较方便，也比较节约时间，不会影响白天的议程或行程。餐饮费用标准应根据公司财务制度规范来制订，避免超标
联谊活动费用	联谊活动是为了丰富访客的生活而开展的，一般情况下是在晚上进行。通常联谊活动涉及活动场地和节目的支持，预算规划比较复杂，可以具体情况具体分析
游览观光费用	游览观光活动一般是在行程快要结束的时候进行的，游览观光费用一般包括票务费用和交通费用
纪念品费用	送别访客的时候，可以向访客赠送当地的纪念品，纪念品费用可酌情估量

小·提示 由于地域的差异、访客的人数或者接待方的重视程度不同等，公司可能还会增加其他的预算项目。秘书在具体的接待预算工作中，要尽量考虑周全。

4.2 接待礼仪

接待礼仪一般涉及着装要求、迎接礼仪、送名片礼仪、招待礼仪、涉外礼仪这几个方面。

4.2.1　着装要求

我们身在职场，不能完全凭自己的喜好来搭配衣着，应该让自己衣着得体。秘书如果不了解职场着装要求，忽视时间和场合而胡乱搭配衣着，不仅是一种失礼的表现，严重的可能会造成不可挽回的损失。

刘小姐是一家公司的秘书，尽管刚来公司不久，但是工作勤勤恳恳，不论是为人处世还是工作能力都不逊色于另一位秘书，然而她却很少受到总经理的重视。她百思不得其解。

这天，总经理接到一个合作多年的老客户的电话，对方说明天要来公司洽谈明年的合作计划，部署一下明年的品牌战略，并且要磋商一下明年的经营战略调整方案，顺利的话还会签下明年的订单合同。总经理接到电话后很高兴，可是身边工作多年的秘书恰好出差，没有办法去机场迎接，也没有办法做迎接工作，所以总经理只好把这个重要的客户交给新秘书刘小姐去接待。

总经理把客户的联系方式告诉了刘小姐，让她了解客户到达的机场、到达时间、停留时间，以及安排好客户到公司的交通。刘小姐终于受到重用，决心要做好这项工作。

第二天，刘小姐上身穿着她最喜爱的衬衫（真丝材质，款式时尚，风格流行），下身穿着海滩风格的裙子（裙子上的图案大而夸张，艳丽夺目），脸上化着浓妆。这样一身打扮，若是在街上或者在海边，是十分赏心悦目的。刘小姐自己觉得，接待这样重要的客户，着装应该隆重些。到了机场，刘小姐见到了客户，笑脸相迎，热情握手。可是客户好像并不是那么热情。

"你是新来的秘书？"客户上下打量着刘小姐。

"是的，王总，我是总经理新聘任的秘书，这次由我来接待您。"

"原来是这样。你先回去吧，我这次要待很长时间，先去散散心，游览一下这里的名胜古迹，之后我跟你联系，你再来接我，好吧？"

"那好吧，王总，这是我的名片，您到时候记得联系我。"

刘小姐灰头土脸地回了公司，平时与她关系好的小吴看到她垂头丧气的样子，便问了事情的来龙去脉。

听完后，小吴说："你知道王总为什么没有跟你回来吗？就是因为你这身打扮。王总是一个十分重视职场礼仪和职场规范的人，他平时严格规范自己的职员，因为他觉得员工的形象就是公司的形象，员工的态度就是领导的态度。你看看周围其他的同事，男士穿着整洁、颜色单一的衬衫，女士穿着优雅的套裙，都显得那么干练。你穿成这样去接待王总，他一定觉得你不够尊重他，进而以为，咱们总经理不够尊重他，咱们公司不够尊重他，那么他最后得出的结论就是咱们公司和他合作的态度变了。"

不一会儿，刘小姐被总经理叫到办公室，受到了批评。

职场人士要遵守职场着装要求，刘小姐就是因为着装问题而使客户不满。那么，秘书的具体着装要求有哪些呢？

一般在职场中，作为秘书，不论男女，大多会选择通用礼服作为职业制服，如表4-6所示。

表4-6　通用礼服

名称	详细说明
通用礼服	① 通用男礼服，即西装。西装样式很多。先说领头，它有大、小驳头之分；再说扣子，前门有单、双排扣之分；再说扣眼，扣眼有一粒、两粒、三粒之分；口袋分明暗两种；最后说说套件搭配，套件有两件套（上、下装）和三件套（上、下装加西装背心）之别。一般情况下，如果挑选西装做礼服，应该选由深色毛料精制而成的上下同色的西装，而且要搭配领带及黑色皮鞋，必要时要有配饰。 ② 通用女礼服，就是常见的西装套裙，是指西装上衣与相搭配的裙子成套设计的一种服饰。常见的是由一件西装上衣和一条裙子搭配起来的两件套，也有三件套，就是在西装上衣与裙子之外加一件背心

当然，不同的礼服有不同的穿着规范，如表4-7所示。

表 4-7　礼服的穿着规范

名称	详细说明
礼服的穿着规范	① 西装。西装的纽扣分为单排扣和双排扣两种。穿单排扣的西装比较自由，如果不是在正式场合，可以不扣上扣子；但如果是在正式场合，那么就必须把除了样扣以外的扣子全部扣上。双排扣西装就不同了，无论在什么样的场合，敞开穿总是显得不那么雅观。 在正式接待场合，应穿着颜色素雅的套装，最好是深色的。套装里面少不了要以衬衫相配，我们必须要保证衬衫挺括整洁，没有褶皱。一般衬衫下摆都稍长，这就要求把衬衫下摆塞进裤子里，这样看上去比较利落干练。衬衫袖口的扣子必须扣上，袖子最好露出西装衣袖 1～2 厘米，领子也最好高于西装领子约 1 厘米。 一般在正式的接待场合要佩戴领带，衬衫领口的扣子必须扣上，领带系在硬领衬衫上。领带系好后，要保证领带下端刚好在腰带的上端，且宽片要略长于窄片。如果选择了三件套西装，领带必须置于背心的内部，而且领带的下端也不要露出背心。 ② 西装套裙。西装套裙是女性的职业套装，也是女性接待客人时适宜的接待礼服，因为这种套装可以使女性看起来干练洒脱。 在正式的接待场合，穿着西装套裙的要求还是很多的，如最好选择冷色调，颜色不宜过于鲜艳；一般上衣不能露出腰部，裙子不能长过小腿的中部，不能漏背、露肩等。同时套裙上衣的扣子必须系好，上衣不得脱下，里面还要穿上一件款式适合的衬衫。同时，应搭配高筒袜或者连裤丝袜，穿高跟或者半高跟皮鞋

4.2.2　迎接礼仪

企业要充分重视迎接礼仪，因为这关乎客人对企业的第一印象，如果迎接礼仪不当，客人对企业的印象会大打折扣。秘书作为领导决策的执行者，尤其要注意迎接礼仪。

周先生在一家公司担任业务主管，他在公司踏实肯干，也做了很多的接待工作。这天，公司的一位女客户上门来咨询业务，这是公司的老客户，周先生把她请进了办公室。周先生一直秉承女士先伸手，男士才与对方握手的原则，见女客户一直没有主动伸手，所以也就没有主动和她握手。可是，后来他却受到了老板的批评，原因是怠慢了客户。

其实在正式的商务场合，东道主应该主动去握客人的手，这一点是不同于一般社交活动的地方。除此以外，秘书还应注意哪些迎接礼仪？具体如表4-8所示。

表 4-8　迎接礼仪

名称	详细说明
迎接礼仪	（1）安排乘车座次 秘书在接到来宾之后，要注意乘车座次安排，一般要遵循这样的原则："后为上，前为下；右为上，左为下"。将来宾安排在后排靠右的位置，将领导安排在司机后面。秘书要坐在副驾驶座。 （2）协助住宿登记 秘书应当主动协助来宾做好住宿登记并办理入住手续。秘书应当向来宾介绍酒店的具体情况，并将之后的日程安排以及互动计划等资料交与来宾。 （3）介绍当地风土人情 秘书协助来宾安排好住宿之后，不要马上离开，可向来宾简短地介绍当地的风土人情等信息。 （4）离开 秘书在介绍完当地的风土人情等信息之后，便可离开，以免打扰来宾休息

4.2.3　送名片礼仪

秘书在日常工作中少不了与名片打交道。常常与名片打交道，也不代表对送名片礼仪有充分的了解。在职场中，送名片礼仪也是不容小觑的。我们来看两个案例。

案例一：在北京某招商会上，一位女士正在与一外商聊天，两人聊天的气氛还是不错的。该女士顺势掏出名片想要递给这名外商。不巧的是，这时候手机响了，该女士习惯性地用右手拿出手机接听了电话，而用左手的两根手指夹着名片送到外商面前。外商看了该女士一眼，并没有接过名片。

案例二：一家绿色有机蔬菜种植基地的秘书负责迎接考察团。席间，秘书于座位上起立，探出身子想要把名片递给考察团的领导，而考察团的领导也起身想要接过名片。令人始料未及的是，名片竟然掉在了餐桌中间的汤盆里。

这两个案例都有一个共同点，就是送名片的人没有充分重视送名片礼仪，这在职场或者商务交际的场合中往往是应该避免的。

秘书应该注意哪些送名片礼仪呢？

秘书应将自己的名片放在比较容易取出的地方，且最好和其他的东西区别开来，如此，在需要递送名片时，就很容易把名片取出而双手奉上了。这样既避免了自己找不到名片时的尴尬和失礼，又节约了双方宝贵的时间。为了更好地把名片与其他东西加以区分，建议准备一个名片夹，名片夹里只放名片。若穿着西装，可以把名片夹或者名片置于左上方的口袋里；若带有手提包，可以把名片夹或名片放在手提包内伸手可得的地方。

此外，对于送名片的时机、送名片的顺序、送名片的礼节等，秘书也需要加以注意，如表4-9所示。

表4-9　送名片礼仪

名称	详细说明
送名片的时机	对于初次见面的客人，当交谈得比较融洽并且对方表示愿意建立联系时，可以大方地递上自己的名片；当与对方辞别并表示愿意与对方建立并保持联系时，可以大方地递上自己的名片；在交谈过程中，当需要记下对方的联系方式，并得到对方的同意以名片的方式建立联系时，可以大方而恭敬地把自己的名片递给对方
送名片的顺序	送名片的顺序一般和职务、年龄、性别是有关系的。一般年轻人要先向年长者递送名片，职位低的人要先向职位高的人递送名片，男士要先向女士递送名片。如果面前不止一人，要把名片先递给年长者和职位高者。如果无法确定对方的年龄或者职位，就遵循就近原则，先和自己左侧的人交换名片，然后顺时针依次交换名片
送名片的礼节	① 欠身，双手递送名片，面带微笑，注视对方。 ② 双臂自然伸出，双手分别握住名片的上端两角，若只有一只手是空闲的，则用右手递送。 ③ 切记名片正面要正对着对方，这样方便对方看清上面的信息。 ④ 如果自己是坐着的，最好站起来或欠身把名片递给对方。 ⑤ 在送名片的同时，最好与对方寒暄一番

小·提示 送名片时可以说"请多关照""多多指点""久仰大名""结识您是我的荣幸"等话语，以增强对方对自己的好感。

4.2.4　招待礼仪

我们先来看一个案例。

上午来公司的人特别多，前台秘书忙得不可开交。中午休息时间，秘书小王被安排值班。她正在低头吃饭，听到有人在轻轻地敲桌子，小王抬头一看，是一个 50 岁左右的中年人，夹着一个黑色公文包。小王没有起身，面无表情地问这位中年人："请问你有什么事？"

这位中年人略带歉意地说："抱歉，打扰你吃饭了，请问张总经理在吗？我有事情要找他谈。"

"你有预约吗？"

"没来得及预约。"

小王怀疑他是个推销员，便随口回了一句："总经理不在，你下次预约后再来。"

中年人似乎等不及了，便催促道："小姐，麻烦你给张总经理打一个电话，说不定他已经回来了。"

小王不耐烦地说："不在就是不在，你请回。"

中年人摇了摇头，便转身离去了。

下午 1:30 的时候，总经理打电话到前台，并且让小王接电话，因为总经理知道中午是她在值班。总经理在电话里问小王中午有没有来过一位来自深圳的客人。小王说，中午的确来了一位客人，只不过她没有问对方是否来自深圳，而且那人并没有预约，看上去像推销员，所以她就让他回去了。总经理觉得小王工作草率，便让她重新接受公司的秘书入职培训，让她多学习相关知识。而小王后来得知，那个中年人是总经理的一个非常重要的客户。

为避免以上错误，秘书在日常的接待工作中要注意哪些招待礼仪呢？具体如表 4-10 所示。

表4-10　招待礼仪

名称	详细说明
招待礼仪	①如果客人来到公司时，领导正在开会，或者不在公司……总之不方便立刻来见这位客人，秘书首先要让客人知道领导的去向以及大约什么时候可以回来；然后询问客人的电话、地址，方便领导与对方取得联系，并确定是客人再次来本公司还是领导去对方的公司；最后向客人表示诚挚的歉意。 ②在带领客人走向目的地时，秘书要展现专业的带领方式和姿态。 　a.如果带领客人走在长廊里，那么秘书要走在客人的前面，距客人两三步之遥，让客人走在内侧。 　b.如果带领客人走楼梯，上楼时要让客人走在前面，下楼时则走在客人前面，并且要时刻确保客人的安全。 　c.如果带领客人乘坐电梯，秘书要先上电梯，等客人全部走上电梯后再关闭电梯门，到达目的楼层时，要打开电梯门，让客人先走出电梯。 　d.如果客人进入会客厅，要热情地让客人坐下，如果有客人错坐了下座，要及时请客人坐上座

> 💡 **小·提示** 俗话说，礼多人不怪。这些招待礼仪有助于秘书的未来发展。

4.2.5　涉外礼仪

随着企业间的国际化往来日趋常态化，秘书对涉外礼仪也要做一些了解，以备不时之需。

夏辉公司总经理给王秘书打了个电话，让他到自己办公室来。

王秘书挂了电话就直奔总经理的办公室。

"小王，下周公司要带队去趟法国，与法国的合作伙伴洽谈商务合作事宜，顺便参观一下他们那边的工厂。你前两个月办下来的申根商务签证过期了吗？你下周有时间吗？如果工作上没有其他要紧的事情，就跟我们一起去趟法国。"总经理说完，拿起办公桌上的咖啡杯，抿了一口咖啡。

"总经理，我的商务签证还在有效期内，我看下我手机里的日程安排，请稍等。"王秘书拿出手机看了看下周的工作计划。

"总经理，下周暂时没有什么紧要的工作，我可以随同出差。"王秘书把手机放回兜里，回复总经理。

"好，团队人员的机票之前办签证时已订好了，那你把自己的机票订一下，时间有些紧，抓紧办吧。"总经理说完这些，就走出了办公室，去会议室开会了。

王秘书最近每天都忙着办理赴法国事宜。还好，一切比较顺利。

夏辉公司赴法国团队顺利抵达法国，下了飞机的第一站就是去埃尔昂公司参观考察。

埃尔昂公司的接机团队将夏辉公司一行人带到了公司大厅，然后带领他们去车间参观了流水线作业。

埃尔昂公司总裁邀请夏辉公司一行人去他家参加晚宴。晚宴上，埃尔昂公司总裁及其夫人亲自接待。

王秘书在出差前已经预料到了会有去对方私人宅邸拜访的环节，并且准备好了拜访礼物。

"小王啊，晚上去埃尔昂公司总裁杰克家，你准备好礼物了吗？"总经理在车上问王秘书。

"总经理，我已经准备好了，您放心。"王秘书拍着胸脯回答道。

夏辉公司一行人到达了杰克家。王秘书赶紧从包里拿出了礼物，是一瓶女士香水。

王秘书顺手将香水递给了杰克的夫人。站在王秘书旁边的总经理看着这一切，默默地叹了口气。

夏辉公司一行人在杰克家里用晚餐时，大家在桌上有说有笑。此时，王秘书感觉气氛很好，不由自主地将两个胳膊肘都支在了桌子上。

大家用餐接近1小时，临近结束时，总经理看着王秘书面前还剩下不少食物的盘子，提醒式地咳嗽了几声。王秘书却未能会意。

用餐结束后，杰克派司机将夏辉公司一行人送回了酒店。

到酒店后，总经理把王秘书叫到了房间。

"王秘书，这是你第一次出国出差，在商务礼仪方面，我对你非常不满意。首先，你准备的礼物是一瓶香水。在法国，男士不宜将香水作为礼物赠给恋人、亲属之外的女士。其次，法国人用餐时可以将双手放在餐桌上，但是不宜将双肘支在餐桌上，这样比较没有礼貌。最后，在法国，吃完饭后盘子里不宜留下太多食物。"总经理一边说，一边郁闷地叹气。

"总经理，我初次来法国出差，在商务礼仪方面确实没有做足功课。请您原谅。下次我一定提前做足功课。"王秘书惭愧地对总经理说。

"你下次要注意，因为你不懂规矩，可能给公司带来负面影响，对方也会对公司留下负面印象。"总经理说。

"好的，总经理。"王秘书说完，走出了总经理的房间。

那么在涉外礼仪方面，有哪些原则是需要秘书注意的呢？具体如表4-11所示。

表4-11　涉外礼仪的相关原则

名称	详细说明
维护形象原则	为了维护形象，举止需要多加注意，表情需要友好自然，谈吐需要礼貌周到，着装需要落落大方
信守约定原则	不要轻易许下承诺，在许诺前，要深思熟虑，考虑周全，并且量力而行；承诺一旦许下，就要付诸实践，积极兑现；在不能信守约定时，要及时做出说明并致歉，甚至赔偿
尊重隐私原则	在涉外交往中，一定要注意尊重对方的隐私。例如，对个人经历、婚姻状况、个人经济状况、家庭住址等，尤其是反映个人经济状况的信息，如收入、银行存款、股票收益、私宅面积、服饰品牌、汽车型号、娱乐方式、度假地点等话题最好予以回避
女士优先原则	① 参加社交聚会时，如果同时遇到男主人和女主人，要先问候女主人，然后再问候男主人。 ② 当作为男嘉宾进入室内时，要主动向先到的女士问候；当作为女嘉宾进入室内时，即使是男士先到达，也要等男士主动问候。 ③ 主人对到来的嘉宾进行介绍时，应该先把男士介绍给女士，然后再把女士介绍给男士；如果要发表讲话或演说，需要同时称呼多人，要先称呼女士，然后称呼男士。 ④ 出入厅堂时，男士要把门打开让女士先行。站在门口的男士若看到女士正迎面走来，要等女士先走过去，然后再挪动。

（续表）

名称	详细说明
女士优先原则	⑤进入餐厅时，男士要让女士走在前面，并等女士落座后再坐下。如果没有服务员，男士要先走到女士座位旁帮女士拉出椅子，请女士先落座。 ⑥上下私家车时，男士要为女士开门，这可彰显绅士风度。 ⑦女士可以拒绝交谊舞会上男士的邀请，而男士不宜拒绝女士。 ⑧男嘉宾离开时，要先向女主人致谢，且先向女主人致辞
谦虚适当原则	待人要不卑不亢，既不妄自菲薄，又不高傲自大；自评也不必过谦，不必自我贬低
以右为尊原则	在涉外交往的时候，应该有右为上位、左为下位的意识，以右为尊，以左为卑。在并排站立、行走或者入座时，应该是客人居右、女士居右、长辈居右、职位身份较高者居右
热情有度原则	关心适度，距离适度，批评适度，举止适度
求同存异原则	求同，即寻求双方在礼俗方面的共同点，以此为基础加深了解、增进感情、展开合作、深入交流；存异，即对于双方在礼俗方面的差异要承认、包容、互通、尊重

第 5 章

商务礼仪：全方位学习，重点突破

本章带领大家深入学习商务礼仪。在学习的过程中，大家应该做到全方位学习，重点突破。

5.1 自我礼仪管理

秘书学习商务礼仪，首先要学习自我礼仪管理。一般情况下，自我礼仪管理涉及仪态管理、表情管理、语言管理3个方面。

5.1.1 仪态管理

好的仪态会彰显秘书的职业形象，会使交际对象感到舒适，同时也会使交际对象产生被重视的感觉。

那么，秘书要在哪些方面进行仪态管理呢？具体如表5-1所示。

表 5-1 仪态管理

类型	详细说明
站姿	优美的站姿能够展现秘书的职业气质，这也是秘书培养自己体态美的起点。 一般对站姿的总体要求就是要端正、挺拔、端庄。 头部：两眼保持平视前方，面带微笑，嘴微闭，收紧下颌。 肩部：双肩放松，稍微向后方下沉
站姿	胸部：胸部挺起，防止勾肩驼背。 腹部：腹部收起，微微后压。 站立时讲究"身正、腿直、手垂"。两脚呈"V"字形，保持45度或60度夹角

（续表）

类型	详细说明
坐姿	一般情况下，在商务场合要保持端庄优美的坐姿，秘书应该特别注意这一点，这样的坐姿往往会给交际对象一种文雅、稳重、自然大方的感觉。对于坐姿，通常要求收腹立腰，同时上身微微前倾，朝向交际对象；头部保持端正，下颌微微收起，双目注视交际对象；双肩微微下沉并持平；双膝并拢，双臂自然弯曲，双手交叉放在腿上
蹲姿	在正式的交际场合中，秘书有时会为交际对象捡拾物品或者提供一些其他的服务，这时候，优雅的蹲姿就显得特别重要，这也是彰显职业魅力的一个细节。一般情况下，蹲姿最忌弯腰撅臀。对女性而言，适合交际场合的蹲姿有以下两种。 ① 交叉式蹲姿。以右脚在前为例，一般情况下都是右脚放在左脚的前侧，双腿顺势蹲下，左腿在右腿的后面，并且向右腿的右侧伸出，这样就会使双腿呈现交叉的状态；蹲下之后，右脚应全脚着地，左脚只是脚掌着地，同时右小腿与地面保持垂直；两腿要前后贴紧，臀部下沉，上身稍微前倾。 ② 高低式蹲姿。同样以右脚在前为例，蹲下时右脚在前面着地，而左脚稍微靠后，脚掌着地且脚后跟提起，同时左膝要低于右膝，臀部下沉
走姿	走姿会因为着装的不同而有不同的要求。 ① 着西装时。穿西装裤走动的时候，要保持身姿挺拔，膝盖挺直，步幅可以稍微大一些，手臂放松，自然摆动。 ② 着短裙时。女性穿着西装裙走路时，步幅不要太大，应该不超过自己的脚长，此外，行走路线要尽量保证是直的。 此外，如果遇特殊情况需要提高行走的速度，那么要在保证基本走姿的基础上酌情提高行走的速度，一般情况下每秒可以走 3 ~ 4 步。当然，快步走时，也应该保持均匀的步幅，不能给交际对象造成跑的感觉
手势	① 指示较远的方向。当为交际对象指示较远的方向时，一般要伸直手臂，而且用右手指示，手臂抬起的高度不能超过肩膀，五指并拢，掌心向上，保持上身微微前倾；在和交际对象对视交流后应该侧身转向所指的方向。 ② 指示较近的方向。指示较近的方向时要适当弯曲手臂，右手轻轻地自体前抬起，掌心向上，五指并拢，肘关节稍微弯曲，上身略微前倾；同样在同交际对象对视交流后侧身转向所指的方向

（续表）

类型	详细说明
引领客人的姿态	在引领客人时，一侧手臂微微抬起至小拇指与胯部齐平的位置，保持掌心向上，五指并拢，身体要稍微侧对交际对象，用余光注视对方。如果路途较远，要注意关注交际对象的跟进情况，并及时提醒其注意路面上的障碍物
握手的姿态	走到交际对象面前适当的位置后，右侧手臂自然伸直，右手握住交际对象的手，上身略微前倾，注视对方，用适当的力度上下晃动右手，左手自然垂于一侧

💡 **小·提示** 以上是在正式交际场合中秘书应该注意的一些内容，秘书应时刻牢记，保持仪态美。

5.1.2 表情管理

在正式的交际场合中，秘书应该恰当地管理自己的表情，这也是一名优秀的秘书应该具备的素养。

那么，在具体的交际场合中，秘书应该怎样管理自己的表情，才能给交际对象营造一个相对放松和惬意的交际环境呢？

第一，眼神要适宜。

通常每个人都看到过下列眼神，但并不是每个人都能正确理解这些眼神所传达的意思。下面对其进行解读，如表 5-2 所示。

表 5-2 对眼神的解读

名称	详细说明
对眼神的解读	① 有些人在发觉自己被别人注视的时候，或者自己与别人对视后，会立即转移视线。这通常表露了这些人自卑、不自信、内向的特点。 ② 有些人的眼珠频繁地转动。这通常意味着这些人在掩饰自己的恐惧、谎言或者不安。 ③ 有些人在交际中总是目光无神或者不敢正视交际对象。这通常说明这些人缺乏主见。

（续表）

名称	详细说明
对眼神 的解读	④有些人在交际中从来不把目光集中在讲话人的身上。这往往表明这些人 对交际对象的谈话内容不感兴趣。 ⑤有些人在交际中通常对交际对象的注视无动于衷。这说明这些人对交际 对象不够重视

上面几种眼神经常出现在交际场合中，如果由秘书表露出来，那必然是不合适的，因为这不仅会暴露秘书职业素养较差，更会有损企业的形象。优秀的秘书应该懂得运用适宜的眼神。

在交际中，秘书应该注视着交际对象，一般情况下，有表 5-3 所示的 3 种注视方式。

表 5-3　注视方式

方式	详细说明
注视对方的眼睛	这种注视方式往往表明秘书对交际对象的谈话内容很感兴趣，非常愿意认真地倾听，也表明秘书对交际对象充分重视
注视对方的额头	这种注视方式表明秘书严肃认真的态度，暗含向交际对象表明自己立场的意味，这通常表示自己希望能够公事公办
注视对方的脸庞	这种注视方式往往表明秘书对交际对象十分关切，通常是亲切态度的一种表现

在交际中，秘书还应该注意注视对方的角度，从不同的角度注视对方代表着不同的态度，如表 5-4 所示。

表 5-4　注视角度

角度	详细说明
正视或者平视	通常表示把对方放在与自己平等的地位上，充分显示对对方的尊重
仰视	通常意味着把对方置于高于自己的地位，表示对对方的敬重和敬畏
俯视	有蔑视或者歧视对方的意思。在职场交际中，这是最忌讳的
侧视和斜视	有蔑视对方的意味，甚至表示厌恶、挑衅或者怀疑对方。这也是职场交际中非常忌讳的

在职场中，秘书应该伺机选择合适的注视方式和注视角度，并辅以恰当的眼神，以给业务的顺利洽谈奠定基础。

北京某家证券公司的每周一都是一周中最忙的时候。这天恰逢周一，公司的一位重要客人急匆匆地来到办公室，说要见一下总经理。这时候正在接待处值班的吴秘书用冷冷的语气拦住这位客人："我们总经理正在开会，现在不方便。"

"我现在真的有急事要找你们总经理，麻烦转告一下总经理。"客人急切地说。

面对这位着急的客人，吴秘书应该怎么做呢？一般情况下，她也许会采取表 5-5 所示的几种做法。

表 5-5　几种做法

类型	详细内容
第一种	坚持说总经理在开会，不方便见
第二种	先让客人等一会儿，然后假装通知总经理，以总经理没有时间为借口把客人打发走
第三种	通知总经理，让总经理自己决定见或不见
第四种	先让客人稍事休息，然后听客人详细地说明来意，在听的过程中，正视对方并注视对方的眼睛，仔仔细细地听对方说完，然后等到快散会的时候报告给总经理
第五种	听客人讲述来意。在听的过程中，不把目光集中在对方身上，只顾着干自己的工作，而且偶尔侧视一下对方

下面分析一下吴秘书可能采取的这几种做法。

第一种：如果坚持说总经理在开会，而不去了解总经理的意思，也不听客人说明来意，很有可能真的错过重要事宜，进而导致公司遭受损失。

第二种：这种做法最终可能导致的结果和第一种是一样的，也更说明了秘书不称职。这是一种缺乏职业素养的做法。

第三种：这种做法是比较唐突的，一方面比较容易打断会议，另一方面在没有弄清楚客人来意的前提下，就去报告总经理，可能耽误总经理的工作。

第四种：这种做法是正确的，一方面弄清楚客人的来意，思考要不要报告给总经理，另一方面也注意到了对自我表情的管理，给予客人充分的重视，可以更好地了解客人的来意。

第五种：这种做法其实是欠妥的，会让客人有不受重视的感觉，进而自行离去。如此，吴秘书获取不到有价值的信息，可能使公司产生损失。

第二，微笑要恰当。

在职场交际中，秘书在进行微笑管理时要做到以下几点，如表5-6所示。

表5-6 微笑的要求

名称	详细说明
微笑的要求	① 要发自内心、真诚地微笑。假笑和冷笑都会令对方心生厌恶。 ② 微笑要甜美。 ③ 微笑时要把握好度。职场交际中最忌讳突然出现过于夸张的笑容，这样也会令对方反感。微笑有度，才会让对方感到自然得体

想要自己的微笑达到以上几点要求，可以采取以下方法训练，如表5-7所示。

表5-7 微笑训练法

类型	详细说明
情绪记忆法	经常回忆一些美好的往事
对镜微笑法	经常面对镜子微笑，矫正自己的微笑姿态，把握微笑的尺度
筷子微笑法	经常把筷子平置于前齿之间，让自己习惯在微笑时使上下齿保持一定的距离
发声训练法	通过发声训练来矫正口型，如经常说"一"或"七"

微笑管理也是表情管理中不可忽略的一个环节，秘书应该掌握微笑训练的方法，在工作中做到微笑得体有度。

💡 **小·提示**：眼神管理和微笑管理是表情管理的重要组成部分，对于这两个方面，秘书应该做到"鱼和熊掌兼得"。

5.1.3 语言管理

秘书在日常交际中，必须对自己的语言进行管理，注意一些交际语言禁忌，让自己的语言更严谨得体，让自己的交际过程更顺畅。

某天快要下班的时候，总经理来到财务部赵经理身边，莫名其妙地问："赵经理，我问你一个问题，'emo'是什么意思？"

赵经理："总经理，您这是唱的哪一出？您可是一向积极、乐观呀！"

总经理："这跟我是否积极、乐观有关系吗？我就问一下'emo'是什么意思，我在网上看到过有人说这个词，今天又听到沈秘书在说，所以很好奇。"

赵经理（忍不住笑了出来）："原来是这样。'emo'原来是英文单词'emotional'（情绪化）的简略表述，到了网络世界里，这个词衍生出多重含义，如'伤感''郁闷'等。最近这个词越来越受到网友们的青睐，他们可能是觉得这个词很时髦。"

总经理（表情十分不高兴）："这词虽然时髦，但不太适合工作环境，小沈怎么可以把这个词带到职场中来？"

赵经理看到总经理有些动怒，下班后，便把沈秘书叫到身边。

赵经理："以后在职场，尤其是在总经理或者客人身边，说话要注意分寸，不要说一些比较随便的话，今天总经理就生你的气了。"

沈秘书（惊恐状）："为什么？我说错什么了？"

赵经理："'emo'是什么意思呢？"

沈秘书（露出尴尬的神情）："哎呀，今天路上摔了一跤，午休时接到朋友的电话，一下子就说了出来。以后我会多加注意的。"

沈秘书在职场中没有做到时刻对自己进行语言管理。如果沈秘书在正式交际中说出一些过于随便的话，那后果会很严重。

秘书要对自己的语言进行管理，讲究语言的艺术，可以从表 5-8 所示的几个方面着手。

表 5-8　语言管理

名称	详细要求
夯实语言基础	① 用语规范，逻辑清晰。 ② 表达准确。 ③ 言简意赅，重点突出。 ④ 语言流畅，口齿利索
检点语言态度	① 尽量直抒胸臆，开门见山，态度明确。 ② 做到实事求是，不信口开河。 ③ 做到情真意切，由衷表达。 ④ 使语言环境轻松自然
讲究语言礼仪	① 学会专注地倾听。 ② 要尊重对方的发言。 ③ 选择合适的话题。 　a. 一般交际场合的话题，如天气等； 　b. 面对不同职业者选择合适的话题，尽量贴合对方的职业性质和身份
注意语言禁忌	① 不要言辞不敬。 ② 不要态度恶劣，语气生硬。 ③ 不要口出狂言，目中无人。 ④ 不要自己滔滔不绝，旁若无人。 ⑤ 不要不苟言笑，过于严肃。 ⑥ 不要语言烦琐重复而没有深度。 ⑦ 不要妄加评论和哗众取宠。 ⑧ 不要公私不分，不注重场合。 ⑨ 对于来访的外宾，不要不顾及外宾的语言文化习俗

小·提示　秘书如果不懂得交际的语言艺术，很多时候是不能胜任交际工作的。语言管理可以说是秘书的一项重要工作，秘书应该予以重视。

5.2　商务场合中的礼仪

秘书免不了要处于商务场合，所以必须扎实掌握一些商务礼仪知识。一般秘书需要涉猎并掌握的商务礼仪知识包括邀请参会礼仪、现场谈话礼仪、馈赠礼物礼仪、派对礼仪、电话通知礼仪、成立仪式礼仪几个方面。接下来就详细介绍一下这几个方面的内容。

5.2.1　邀请参会礼仪

秘书需要掌握一些参会细节，才能更好地执行参会邀请工作。例如，秘书在进行参会邀请时可以告知参会各方相关注意事项，确定参会人数并向其提供参会凭证，同时还可以提前征集参会各方的提案和交流意见，得到参会信息的反馈。

章女士是北京某工程公司总经理的秘书。一次，总经理让秘书章女士向公司各部门发送召开临时会议的通知，通知的内容是：在本月的 12 日下午 1：30 于会议室召开临时会议，会议主题是公司的人员编制和工作绩效的评估，各部门相关人员务必准时参加。

章女士觉得这是公司的内部会议，不用向各个部门参会人员一一通知。于是章女士并没有依次通知各部门参会人员，而是直接在公司的公告栏上贴出关于此次临时会议的公告和参会人员名单。

章女士忽略了一个细节性的问题，那就是直接将公告贴在公告栏上，会使那些一直坚守在工程一线的人员无法看到。等到 12 日会议快要开始时，章女士发现工程一线的 3 位经理还没有到场，而这 3 位经理又是会议不可或缺的重要角色。于是章女士急忙给 3 位经理打电话，通知其迅速赶到会场。

接到这样的电话，经理们火冒三丈。

经理："这么重要的会议，为什么不提前通知呢？"

秘书："我在公告栏上贴了公告，只是……"

经理："你不知道我们一直在工程一线吗？哪里能看到公告。我们都约了重要的客户，下午约谈重要的项目，所以只能找人代替我们参加会议。"

秘书："不行，总经理说，这次临时会议特别重要，通知到的人员必须准时亲自到会。"

经理："那怎么办？不然下午的客户你替我们去见，工程项目你替我们去谈？"

秘书："这……这个……"

章女士听到 3 位经理的话，无言以对。最终由于人员缺席，会议精神没能很好地贯彻落实，而章女士也因为自己的失职而受到处分。

为了避免出现类似的错误，秘书应该认真学习邀请参会礼仪，如表 5-9 所示。

表 5-9　邀请参会礼仪

名称	详细说明
会议通知和邀请方式	一般情况下，会议通知和邀请方式分为以下几种。 （1）通知 （2）邀请函 （3）请柬 （4）海报 （5）公告 （6）广告
会议通知和邀请的性质	根据性质的不同，会议通知和邀请分为：预备通知和邀请、正式通知和邀请
各种通知和邀请方式的使用要求	（1）通知 一般情况下，使用通知时必须保证会议承办方与参会人员是上下级、管理与被管理、指导与被指导的关系。一般通知的对象包括：本单位内部职员、下级所属单位、受本单位管理的单位。 （2）邀请函 邀请函是一种邀请文书，一般用于对横向参会方的邀请。因为参会方与本单位是横向关系，不存在纵向的上下级、管理与被管理、指导与被指导的关系，所以其发送对象是不受本单位制约的单位和个人。 （3）请柬 请柬是一种专门的邀请文书。通常交际性的、仪式性的和招待性的会议会用到它。 （4）海报 海报是一种公开性的邀请文书，对参会人员没有严格的要求，通常邀请的对象也是不确定的，适用的会议类型一般是学术报告或者公开课等。

（续表）

名称	详细说明
各种通知和邀请方式的使用要求	（5）公告 公告的公开程度和要求要比海报高，对参会人员的要求也比海报严格。通常在两种情况下要使用公告：一是公司在召开股东大会，需要全体股东参加的时候，根据《中华人民共和国公司法》的规定要拟出公告进行通知；二是当邀请的对象遍布各地而无法一一通知的时候 （6）广告 广告的公开程度比海报和公告都高。通常会议的邀请对象是海内外各界有关人士
通知和邀请文书的要素及表述方式	（1）会议的名称 在书写通知和邀请文书的时候，要注意突出会议名称，因为这是文书内容的关键部分。在文书的标题和开头部分要用会议的全称，保证醒目。 （2）主办方 在书写通知和邀请文书的时候，要写明会议主办方，因为写明主办方既能够明示其法律责任，又能对其产生宣传效果。 （3）往届会议情况 对于典型的往届会议案例，通知和邀请文书里应该简明扼要地提及并介绍，这样能够让邀请对象对会议活动有一个直观的印象，增加参会的兴趣。 （4）会议的内容 书写通知和邀请文书的时候，会议的内容是文书内容的核心，往往要包含会议的目的、宗旨、主题、议题、议程等，必要时还要加上报告人和报告题目。 （5）会议的形式 通知和邀请文书要明确会议的形式，让邀请对象明确所参加的会议是单一性的会议还是综合性的会议。对于综合性会议，还要明确说明其各项配套活动的形式和内容。 （6）邀请对象 通知和邀请文书要明确邀请对象。如果邀请对象是某个单位，应该写明单位名称，并明确参会人员应该具备的条件；如果邀请对象是个人，可以直接写其姓名。 （7）会议的时间 在书写通知和邀请文书时，要写明具体的会议时间：会议开始时间和结束时间。

（续表）

名称	详细说明
通知和邀请文书的要素及表述方式	（8）会议地点 在通知和邀请文书中，必须要明确会议召开的地点，如地名、路名、场馆名、楼号、房号等。如果有必要，应该附上通向会议地点的路线图。 （9）联系方式 在通知和邀请文书中，要明确会议主办方的联系人及联系方式，以便参会人员及时和主办方取得联系。 （10）其他的专门事项

小·提示 秘书应该了解会议通知和邀请的意义以及各种通知和邀请文书的要素及表述方式，这样才能在执行参会邀请工作时不失礼节。

5.2.2 现场谈话礼仪

北京某数据分析公司的工作人员向某公司领导呈报去年各项经济指标的统计情况，这时领导正在会客，便让办公室秘书接待。办公室秘书和工作人员聊起各项指标的统计情况并询问其是否统计完成。

秘书："各项经济指标已经统计出来了吗？"

工作人员："嗯，已经统计出来了。"

秘书："我们正在给领导起草讲话稿，急需各项指标数据，你发给我一下。"

工作人员："我们也很忙，你自己去抄。"

结果工作人员不辞而别。

试想，如果秘书能够换一种请求的语气而不是命令的语气，也许结果就会大不一样。

上述案例从侧面反映了该秘书在谈话礼仪上的欠缺。那么秘书应该怎样培养自己的说话艺术，使自己的交谈行为合乎谈话礼仪规范呢？秘书应该至少从4个方面着手训练自己的谈话礼仪：交谈的态度、交谈的语言、交谈的内容和交谈的方式，如表5-10所示。

表 5-10　谈话礼仪

培养谈话礼仪的着手点	详细说明
交谈的态度	秘书在正式的商务交际场合交谈时，最忌讳的就是逢场作戏、应付了事，应该以诚相待，以礼相待。 （1）交谈时表情自然 ①专注。秘书在交谈的过程中，应该表现出专注的神态，可以注视着对方，可以认真倾听，也可以凝神思考，要让自己的表情配合交谈的进程。其间，秘书既不能目光呆滞，长时间盯着对方，也不能漫无目地地四处扫视，因为这都是很不礼貌的行为，很容易招致对方的反感和不满。 ②配合。秘书在交谈的过程中，应该用表情的变化来配合和回应对方，如通过自己的眼睛、眉毛或者嘴巴的形态变化来表示对对方谈话内容的赞同、疑惑、理解、惊讶等，这样就会让对方觉得自己的话得到了重视。 （2）交谈时要有礼貌 ①注意音量。秘书在商务交际场合中，应该避免大声说笑，更不能哗众取宠，必须有意识地控制自己的谈话节奏和音量，保证交谈对象能够清楚地听到自己的说话内容即可。 ②注意用词。秘书在商务交际场合中，应该时刻注意自己的用语。在说话时，秘书不能口无遮拦、出言不逊，甚至信口开河。 ③注意语气。秘书在商务交际场合中要注意语气，不能趾高气扬、盛气凌人；也不能妄自菲薄、讨好奉承。 ④注意语速。秘书在商务交际场合应该使自己的语速适中而且稳定，不能过快也不能过慢，更不能忽快忽慢，以免让对方觉得自己说话没有条理或者慌慌张张。 （3）交谈时要举止得体 ①秘书在交谈的过程中可以用自己的肢体语言来协助自己传达信息。例如，秘书可以加一些手势，这样可以使自己的谈话内容更加生动，也可以使对方更好地理解自己所表达的信息，使整个交谈过程更加轻松顺畅。 ②秘书在交谈的过程中也要避免过分夸张的动作，如手舞足蹈、拉拉扯扯，同时切忌在交谈中左顾右盼、目光游离、跷二郎腿。

（续表）

培养谈话礼仪的着手点	详细说明
交谈的态度	（4）交谈时要遵守惯例 ① 慎重插话。秘书在商务交际场合中，在别人说话时要慎言，不能随随便便地打断别人，应该让对方把话说完后再表述自己的观点。如果在对方说话时确实想要插入自己的观点和评论，秘书应该先向对方表示歉意，并询问："我可以插一句吗？"插话时也要注意分寸，不能够长篇大论。 ② 重视交流。秘书在商务交际场合中，在不随意插话的前提下，应该积极地参与到交谈的过程中去，适时对对方的言论发表自己的见解，同时在自己发言的时候也应该给别人留下说话的余地，这样才能使各方深入地交换意见。 ③ 以礼相让。秘书在实际的交谈过程中，不能以自我为中心，夸夸其谈，完全不给别人发言的机会，忽略对方。对于对方的谈话内容，秘书不应该随便否定或者质疑，也不能故意一言不发而冷场。 ④ 委婉表达。秘书在商务交际场合中，应该中肯地表述自己的见解，委婉地陈述自己的观点，不能把话说得过"满"，也不能语气生硬，尤其是在给他人提意见时，不能用命令的语气，应该委婉表达
交谈的内容	秘书在选择交谈内容时，不能盲目，应该遵循特定的原则。 （1）交谈内容要符合语境 秘书在实际的交谈过程中要结合交谈的时间、地点与场合来选择交谈的内容。 （2）交谈内容要因人而异 秘书在实际的交谈过程中应该结合交谈对象的实际情况选择不同的交谈内容，如根据对方的性别、年龄、性格、职位、社会地位等来选择合适的谈话内容。 （3）交谈时要注意禁忌 秘书在交谈中要把握好适度原则，注意禁忌并且回避禁忌。一般情况下，交谈内容不应该涉及对方特别敏感的事情，例如对方单位的机密、对方的弱点、对方的年龄和收入等属于个人隐私的事情
交谈的方式	秘书在实际的交谈过程中，要注意交谈方式。具体的交谈方式有以下几种。 （1）扩展式 扩展式即交谈双方在共同关注的议题上进行深入且有见地的讨论，并且交换意见。

（续表）

培养谈话礼仪的着手点	详细说明
交谈的方式	（2）评判式 评判式即秘书在实际的交谈中，可以在对方充分发言表明自己的观点之后，对对方的言论进行中肯的评论，并阐述自己的看法。 （3）倾泻式 秘书在实际的交谈中可以以坦诚的态度对交谈对象说明自己的全部想法和观点，并诚恳地请对方予以评价。 （4）静听式 秘书在实际的交谈过程中可以采取类似于"傻瓜"的交谈方式，也就是在对方发表意见时，洗耳恭听，并且对对方的话加以思考，并给予回应，这可以表示对对方的充分尊重。 （5）启发式 在实际的交谈中，如果对方并不善于表达，秘书可以给对方一定的指导和启发，帮助对方选择适合的话题，并让对方充分发表自己的想法。 （6）跳跃式 秘书在实际的交谈中如果遇到冷场，为了不让发言者感到尴尬，可以跳出原先的谈话内容，另辟蹊径，找到大家共同感兴趣的新话题，采取迂回策略，伺机绕回原先被搁置的话题上

小·提示 以上就是秘书在实际的交谈过程中应该掌握的现场谈话礼仪。掌握了以上内容，秘书的谈话过程会更加顺畅。

5.2.3　馈赠礼物礼仪

秘书在日常的商务交际中，为了代表本单位向交际对象表示尊重、友好和祝福，常常会赠送对方一些礼物。然而馈赠礼物并不是简单的事。

秘书在实际的商务交际中，要掌握表 5-11 所示的关于馈赠礼物的礼仪。

表 5-11　馈赠礼物的礼仪

相关内容	详细说明
馈赠礼物的六要素	秘书在商务交际中馈赠礼物时，要明白馈赠礼物的六要素：礼物需要送给谁、为什么要送礼物、应该选择什么礼物、应该在什么时候送、应该在什么样的场合送、应该以什么方式送
考虑馈赠对象的情况	秘书在商务交际中不能盲目地馈赠礼物，应该结合馈赠对象的实际情况选择合适的礼物。具体而言，秘书要考虑对方的性别、年龄、职位，还要考虑对方的性格和喜好
选择礼物的原则	① 礼物要有独特的纪念性。 ② 礼物要有针对性。 ③ 重视文化差异
馈赠礼物的禁忌	① 不要送药品或者营养保健品。 ② 不要送广告宣传性特别强的物品。 ③ 不要送容易使异性产生误会的物品。 ④ 不要送馈赠对象忌讳的物品。 ⑤ 不要送涉及国家或者商业机密的物品。 ⑥ 不要送违背道德的物品
注意馈赠时机	① 客人或者自己进门见面时可以赠送。 ② 客人或者自己告别离开时可以赠送。 ③ 宴会结束的时候可以赠送。 ④ 在对方赠送之后可以赠送。 ⑤ 会谈结束时可以赠送。 ⑥ 签署协议后可以赠送
注意馈赠的方式	① 礼物要精心包装后才能送出。 ② 要选择合适的途径馈赠
馈赠礼物的两个途径	① 方便时要由馈赠人亲自当面赠与馈赠对象。 ② 无法当面馈赠时尽可能安排专门人员递送并当面递交，或者附信邮寄
馈赠的具体过程	① 安排身份或者职位相当的人进行递赠和接礼。 ② 馈赠人双手将礼物递赠予对方。 ③ 如果馈赠对象当面拆开礼物并夸赞礼物，馈赠人应该随之介绍礼物

> 小·提示 掌握馈赠礼物的礼仪，不仅能彰显秘书的职业魅力和素养，还能彰显本单位对交际对象的重视，并更能体现秘书和本单位热情和好客的态度。

5.2.4　派对礼仪

秘书会经常参加一些派对，为了更好地展示公司的形象，也为了迅速积累人际资源，需要学习一些关于派对的礼仪，并把它们运用到实际工作中去。

北京某红酒贸易有限公司为了酬谢广大终端客户，巩固贸易伙伴关系，制定了定期邀约客户聚会制度，也就是每年举办一次舞会。今年该公司定在北京某商务会馆举办舞会，和往年一样，当晚舞池中央聚集着该公司的终端客户。

当晚，该公司总经理由于工作要晚到一会儿，所以提前和客户们打好招呼，让大家尽情地享受，而且为了不怠慢各位远道而来的客户，让自己的秘书代替自己招待各位客户。

小林是总经理的秘书，平时在工作上有些许"拖延症"的她，在生活中更是一个没有时间观念的人。总经理为了让小林好好准备应酬工作，特意让她早下班，可是小林回到家后不慌不忙，直到距舞会开始不到一小时她才开始挑选衣服、化妆。等到挑好衣服、化完妆之后，小林匆匆忙忙地往舞会现场赶去，她想要打出租车，可是正值下班高峰期，堵车严重，她觉得还不如跑着去速度快，于是她急匆匆地向舞会现场跑去。

奔跑时，一不小心，高跟鞋的鞋跟断了，她也栽了跟头，在摔倒的一瞬间，衣服由于太过束身，断了线，而她自己却浑然不知。她把坏掉的高跟鞋提在手中，向舞会现场狂奔而去。由于奔跑产生了大量汗液，她精心化的妆也变得模糊一片。

到了门口，她穿上掉了一只鞋跟的高跟鞋，"一瘸一拐"地走进了舞会现场，这时她已经迟到了。进去之后，她一下子坐在了旁边的休息座椅上，完全忽略了作为东道主该有的礼节，连一声问候都没有，只顾喘着粗气休息。这时候，上海某家餐厅的赵总经理走到她跟前，很绅士地邀请她一起跳一支舞。

赵总经理："小姐你好，你就是举办方总经理的秘书林小姐吗？"

林秘书："对……对……没错，就是……是……我。"

赵总经理："我是上海××餐厅的总经理，是贵公司的老客户了，可以请你跳支舞吗？"

林秘书："没……没……看到我都……累……累成这样了吗？我……哪还有力……气……跳舞？你还是另……请……他人吧。"

赵总经理看到林秘书这样的态度，便没有继续搭腔，转身走向了舞池。林秘书休息好后，穿着开线的衣服"一瘸一拐"地走向了舞池中央，和大家打招呼。大家看到林秘书这副狼狈的样子，很少有热情搭腔的，也没有人邀她共舞，刚刚的赵总经理更是对她不理不睬。

等总经理赶到舞会现场，端着高脚杯向客户一一敬酒寒暄的时候，几乎每一位客户都对林秘书的形象和态度表示了不满，甚至对该公司一反常态的招待工作也表示了不满。

果然，由于林秘书这次的怠慢和失礼，好多客户中断了与该公司的生意往来。林秘书也因此受到了处分。

显而易见，舞会过后之所以会出现客户中断与公司的生意往来的后果，无外乎是因为疏忽派对礼仪的林秘书的荒唐之举。可见，秘书注重派对礼仪是很重要的。

要掌握派对礼仪，秘书首先应该了解派对类型，以便自己能够更好地融入派对。派对一般分为交际型派对和休闲型派对，派对类型及其相关礼仪如表5-12所示。

表5-12　派对类型及其相关礼仪

类型	详细说明
交际型派对	交际型派对的常见形式有座谈会、庆功宴、校友会、节日晚会、联欢会等。交际型派对礼仪主要涉及以下几个方面：举办时间、举办地点、举办形式、主持方、参加者。 （1）举办时间 为了避免对工作造成影响，交际型派对应尽量选择在周末的下午或者晚间举办，时长以2～3小时为宜，如果大家没有尽兴，可以酌情延长时间。

（续表）

类型	详细说明
交际型派对	（2）举办地点 交际型派对的举办地点以私人宅邸为最佳，还可以选择面积适中、通风好、环境优雅的宾馆、餐厅等。 （3）举办形式 交际型派对的举办形式应当与举办目的相适应。如果参加者之间想深入交流，应当选择座谈会、讨论会的形式；如果参会者只是想叙叙旧，就应当采用联欢会、聚餐会的形式。 （4）主持方 如果交际型派对是在私人宅邸举办的，那么主持方即为宅邸的主人。如果交际型派对是在其他租借场地举办的，主持方则应该是主办方。 主持方的衣着要尽量显示"主人感"，但也不必过于追求档次，与参加者衣着过于不同也是不适宜的。 （5）参加者 交际型派对的参加者应以熟人为宜，以便大家更好地沟通、交流。如果有新人加入，则要避免新人在参加者中有"避嫌者"或者"敌对者"。参加者可以携带家人或秘书出席。但是，通常情况下，应避免携带未成年人出席。 参加者应当注意仪容仪表。男士穿休闲西装或西装套装为宜。女士穿旗袍或者礼服为宜。夫妻或者情侣可以穿情侣装，保持衣着的和谐统一
休闲型派对	休闲型派对形式灵活多样，活动丰富多彩，如园游会、郊游等。 （1）表现得"像玩儿" 要求参加者摆脱象征身份与地位的装束和首饰，抛开西装皮鞋、制服套裙，换上休闲装，融入休闲的氛围。 （2）表现得"会玩儿" 要懂玩儿的技巧，要会选择玩儿的内容，尽量选择一些大家喜欢的项目。 （3）坚持以玩儿为主，交际为辅 在休闲型派对上，应该尽情地娱乐放松，不能表现得太过严肃和急功近利，切忌在客人情绪正高涨的时候和对方"摊牌叫价"。 （4）在交际型派对上可以选择的一些项目 ①游园。游园时要轻装上阵，保护环境，注意安全。 ②运动。运动时可以选择大家比较热衷的项目，如健身、游泳、滑雪等

> **小·提示** 不管是参加派对还是组织派对，秘书都应该注意相应的派对礼仪，保证自己不会变成大家眼中不懂礼仪的人，保证自己的工作有序进行。

5.2.5　电话通知礼仪

电话通知礼仪对于秘书尤为重要，因为电话通知礼仪不仅反映着秘书个人的文化修养，更反映了整个公司的员工素质。

北京某会计培训公司的实习秘书魏女士第一天上班，被安排在了话务岗位上。一天，总经理交代魏女士给几位高校的教授致电，请他们来公司授课。

魏女士第一次打电话，就遭到了对方的无情挂断——"喂，我找朱教授，你是朱教授吗？"（对方挂断）

魏女士第二次打电话。虽然对方没有立即挂断，但是对方误认为接到了诈骗电话，还是在中途挂断了——"喂，请问是周教授吗？非常恭喜您，你已经被我公司拟定为会计金牌授课讲师，请……"（对方挂断）

魏女士第三次打电话，虽然比前两次进步许多，但还是被对方匆匆挂掉——

"喂，您好。"

"您好。"

"请问您是某某大学会计学教授吗？"

"是的，请问您是？"

"哦，您好，听说您专业经验非常丰富，授课经验也非常丰富，有好几家知名的会计培训公司都已经聘用您做讲师了，是吗？"

"是的，请问您有什么事情吗？我有些急事要处理。"

"哦，请问您本周还有空档吗？"

"对不起，请问您有什么事情？我真的有重要的工作要处理。"

"哦，我是想先了解一下您的日程安排，然后……"（对方挂断）

　　魏女士第四次打电话，虽然没有遭到挂断，但还是没能非常顺畅地传达信息，导致对方听得迷迷糊糊。对方问一句，魏女士才答一句。

　　现在来分析魏女士的4次打电话的经历，严格来说，她都忽视了电话通知礼仪。

　　第一次被挂断是因为魏女士的语气太生硬了，让人觉得没有礼貌，如果魏女士多采用敬语，语气和缓一些，也许就不会被对方挂断电话。

　　第二次被挂断是因为魏女士没有说明自己的身份和目的，导致对方产生了误会。

　　第三次被挂断是因为魏女士没有把握好时机，没有及时说出自己的目的和重点，导致对方匆匆挂断。

　　在第四次通话中，如果魏女士一开始就亮明自己的身份、目的，并且及时询问对方的日程安排，进而邀约对方在空闲的时候来公司授课，相信他们的交流会顺畅很多。

　　那么，关于电话通知的礼仪，秘书应该做哪些相应的了解呢？具体如表5-13所示。

表 5-13　电话通知的礼仪

礼仪	详细说明
要做好通话前的准备工作	①把握致电时间。秘书在致电的时候要避开对方不方便接电话的时间。通常情况下，秘书可以先发信息询问对方方便的通话时间，以避开对方工作繁忙的时间段。 ②准备好纸和笔。秘书在通话前要准备好纸和笔，以记录相关信息。如果在通话的过程中来不及记录对方的信息而让对方等待，这是很失礼的。 ③停止不必要的工作。在通话前，秘书应该停止手头上的一切与电话内容无关的工作，否则很容易让对方觉得你不专心，这也是相当不礼貌的行为。 ④姿势。秘书应该保持正确的姿势，因为自己呼吸不畅而导致说话不清晰或者因为不慎而使听筒滑落，发出刺耳的声音，这些都会招致对方的不满。打电话的正确姿势应该是挺直上身，保证呼吸顺畅，面带微笑，口齿清晰，确保嘴巴与话筒的距离是 3 厘米，同时左手握住听筒，右手做记录

（续表）

礼仪	详细说明
使用礼貌用语	秘书要多使用敬语、谦语和雅语，尤其是在刚接通电话时，一定要以礼貌用语开场。 ① 常用的敬语：请、您、先生、贵公司等。 ② 接受别人的批评时说"请教"。 ③ 恳请别人原谅时说"包涵"。 ④ 麻烦别人时说"劳烦""拜托"。 ⑤ 赞美别人的观点时说"高见"
说明来电目的，强调重点	秘书在简单进行自我介绍及确认对方身份之后，应该说明打电话的目的和重点
注意留言五要素	若自己要找的人不在，秘书可以留言，留言时要注意以下要素。 ① 确定留言对象，即要给谁留言。 ② 告知对方留言出自谁。 ③ 告知对方留言的日期。 ④ 确认对方记录者的身份。 ⑤ 阐述明白留言的内容
提高通话的效率	① 对于比较复杂、冗长的内容，最后再次总括并确认要点。 ② 一般情况下不用免提功能

💡 **小提示** 秘书应该全面掌握电话通知礼仪，这样更能树立良好的公司形象，提高工作效率。

5.2.6 成立仪式礼仪

秘书在日常的工作中，难免会遇到筹备成立仪式的活动。最常见的成立仪式就是开幕仪式和剪彩仪式，秘书对在这两项仪式的策划和执行中所需的接待礼仪，都应该知晓。

成立仪式的筹备工作是秘书主要负责的工作内容之一。

成立仪式的筹备工作主要分为以下 6 个方面：邀请媒体、邀请来宾、场地布置、服务接待、馈赠礼品、拟定流程，如表 5-14 所示。

表 5-14　成立仪式的筹备工作

筹备工作的 6 个方面	详细说明
邀请媒体	公司举办成立仪式的目的主要是吸引社会的关注，获得公众的认可。邀请媒体到现场进行宣传报道能够起到非常好的广告效果。秘书一定要邀请传播性强的媒体
邀请来宾	秘书要知晓，公司在成立仪式上邀请的嘉宾的身份、地位往往会对仪式产生直接的影响。因此，秘书要尽可能多邀请一些"重量级"嘉宾。邀请的嘉宾可以是上级部门领导、同行业合作者、社会团体负责人、社会名人等
场地布置	秘书在布置场地时要注意一些细节。例如，在贵宾所在位置铺设红地毯，场地四周可用气球、彩带、横幅等装饰，设置签到台，发放宣传材料
服务接待	在服务接待环节，秘书要特别注意的是：对于贵宾，应由本单位负责人亲自出面接待，以表示对其重视。同时，在"停车、签到、引领和就餐"等环节均应设置专人负责接待工作
馈赠礼品	秘书要选择具有宣传性、独特性和纪念性的礼品。同时，礼品外包装上最好印有公司的 Logo
拟定流程	秘书要提前拟定整个成立仪式的流程。仪式的类型不同，仪式的流程也会有不同

在拟定流程方面。秘书要先确定成立仪式的类型，以更好地规划成立仪式的流程。成立仪式主要分为开幕仪式和剪彩仪式。下面介绍一下剪彩仪式。

一般情况下，剪彩仪式相关工作包括剪彩的准备、剪彩的人员、剪彩的程序和剪彩的做法 4 个方面的内容，如表 5-15 所示。

表 5-15　剪彩仪式相关工作

名称	详细说明
剪彩的准备	秘书应当知晓剪彩必备物品：红色缎带、新剪刀、托盘、红色地毯。通常情况下要用从未使用过的红色绸缎，中间要结数朵花团。对于比较正式的剪彩仪式，花团数目通常比剪彩人数多一个，以保证每名剪彩人员都处于两个花团之间。通常情况下选择崭新的、锋利的剪刀。待剪彩完成之后，可以对剪刀稍加包装并将其赠送给剪彩人员。通常选用不锈钢托盘，上面铺红色绸布或绒布。红色地毯的宽度应大于 1 米，其长度根据到场的剪彩人员的站立距离而定

（续表）

名称	详细说明
剪彩的人员	一般情况下，剪彩人员要慎重选择，剪彩人员可以是一名，当然也可以多于一名。在剪彩仪式现场，秘书需要为剪彩人员、应邀前来的嘉宾以及本单位的负责人安排座位。剪彩人员要坐在最前排，如果剪彩人员多于一名，就座的礼仪一般是：主剪彩人员坐在居中的位置，左右两侧人员按照职级的高低依次就座。一般距主剪彩人员越远就代表职级越低，而且通常规定，主剪彩人员的右侧人员在职级上要高于左侧人员
剪彩的程序	一般情况下，剪彩程序为：安排嘉宾就座、宣布剪彩仪式正式开始、代表发言、进行剪彩、负责人带领嘉宾参观
剪彩的具体做法	当主持人宣布剪彩仪式正式开始的时候，现场乐队就要奏乐，使气氛更加热烈。此时全体到场嘉宾应该报以热烈的掌声表示祝贺，在众嘉宾的掌声中，主持人可以依次介绍到场的重要嘉宾。 接下来要安排相关代表进行发言，发言的顺序应该为承办仪式单位的代表、上级主管部门代表、合作单位代表等。代表的发言应该力求言简意赅，发言的内容应该分别是介绍、庆贺和致谢。每个人的发言时间以不超过3分钟为宜。 当主持人宣布进行剪彩的时候，礼仪小姐应该一字排开并有序登台。之后，礼仪小姐应该在剪彩人员的左前方引导其登台，并引至其应该到达的位置。这时候，礼仪小姐应至剪彩人员的右后侧，为其递上剪刀。 剪彩人员登台时应该对礼仪小姐微笑致意，当礼仪小姐用托盘递上剪刀的时候，也应该微笑致谢。剪彩人员应该集中精力，右手握住剪刀，把红色绸缎一刀剪断。如果有多名剪彩人员，其他剪彩人员应该与主剪彩人员的动作保持一致，同时剪断红色绸缎。 通常剪彩人员在剪彩的时候应该确保红色花团准确地落入礼仪小姐的托盘，而不能使它落地。成功剪彩后，剪彩人员一般都会举起剪刀向全场致意，之后，应该礼貌地把剪刀放回托盘，举手鼓掌，并依次与东道主握手致贺，最后在礼仪小姐的引导下有序退场。 剪彩之后，东道主应该带领应邀出席的嘉宾参观剪彩项目或者场地，参观完毕之后，整个剪彩仪式宣告结束。最后东道主应该赠送嘉宾精美的纪念品，并招待其用餐

小·提示 秘书应该掌握成立仪式礼仪，这样才能在组织仪式时更加得心应手，在参加仪式时更加得体。

第6章
商务出差：细节做到位，行程巧设计

秘书有时需要出差。不管是陪同领导出差，还是独自出差，秘书都应该提前规划好自己的工作。

商务出差一般有长途和短途之别，如果是短途的，秘书可能在一天之内就能把公务安排妥当，并返回公司，此时无须进行过多的相关安排；如果是长途的，秘书就要精心策划行程安排、食宿安排、票务预订等内容。

6.1 行程安排

一般情况下，秘书陪同领导出差的情况会比较多。把领导出差的行程安排得井然有序，也是秘书的一个工作目标。

北京某电子产品贸易公司的业务范围很广。某月中旬，总经理要出差去美国和法国，与两国客户洽谈业务，大概要用半个月时间。总经理吩咐卢秘书安排自己的出差行程。

启程这一天，卢秘书和总经理来到机场。

总经理："卢秘书，你确定出差行程都安排好了？"

卢秘书："总经理，您就放心吧，这么重要的工作，我怎么敢疏忽呢？咱们先去美国，然后去法国。您在美国和法国的行程和食宿事宜我都已经安排好了，就连和两个客户的会见日期我也都安排好了，还特意做成了日程表，一会儿上了飞机我给您看。对了，返程的机票我也已经预订好了。"

总经理："嗯，那就好。相关的证件都带好了吧？"

卢秘书："都带好了，放心吧。"

总经理："那就好。"

总经理和卢秘书在机场取登机牌的时候，机场工作人员要求他们出示护照，然而卢秘书却怎么也找不到护照。卢秘书傻了眼，总经理急得满头是汗。

总经理："护照呢？你不是说装好了吗？我们千万不能错过这班飞机呀，这是今天飞往美国的最后一班飞机了，如果错过了，所有工作都要推迟，这有损我们的信誉和形象。"

卢秘书："总经理，对不起，我可能是在装行李的时候把证件放在箱子旁边而忘记装了……"

就这样，总经理和卢秘书错过了那班飞机……

这个案例是一个典型的失败案例，案例中卢秘书所犯的错误也是在实际工作中秘书在安排领导出差事宜时比较容易犯的错误，案例中的结果也是可想而知的。那么，秘书应该怎样妥善安排领导的出差行程呢？具体如表6-1所示。

表6-1　领导出差行程的安排

情形	详细安排
国内出差	（1）出差之前 ①秘书必须要明确出差的目的和日期。 ②秘书要把出差陪同人员确定下来。 ③秘书应该与目的地相关人员取得联系，确定具体的行程安排。 ④在确定好行程之后，秘书要把机票、酒店等一并预订好，并确定好接机和送机人员。 ⑤秘书要把具体的日程安排表格化，如洽谈时间、地点、参与洽谈的人员等。 ⑥秘书要考虑到领导的生活习惯，在自己陪同领导出差时要携带必要的随行物品。 （2）出差中 ①在领导到达目的地之后，秘书应该及时获悉领导在当地的联系方式，并通知公司相关人员。 ②秘书要根据领导的行程安排，向领导汇报公司的业务情况。 ③根据情况的发展变化，秘书要及时和领导以及相关人员取得联系，并进行沟通，必要时要尽快调整行程。 （3）出差后 ①秘书要及时把公司内部情况向领导汇报。

（续表）

情形	详细安排
国内出差	② 秘书要及时对出差形成的各项资料进行整理，并发送给各部门相关人员，最后留档。 ③ 对于领导认为有必要致谢的客户，秘书要及时向该客户致感谢函。 ④ 秘书要及时跟进出差洽谈的业务的后续事宜。 ⑤ 秘书要及时按程序对各项差旅费进行报销
国外出差	对于国外出差，秘书要特别注意以下几点。 ① 及时把公司的最新业务进展情况做成可演示的媒体文件，并与对方协商准备演示工具。 ② 在购买机票时，要注意避免航班的经停中转。 ③ 提醒领导携带各种证件及邀请函。 ④ 要根据对方职级身份及文化习俗准备恰当的礼物。 ⑤ 提前查看当地的文化习俗与风情资料。 ⑥ 与对方协商解决翻译问题，并确定由哪一方提供相关的服务。 ⑦ 回国后请示领导是否有必要致谢，并及时向有必要致谢的邀请方致谢

秘书在陪同领导出差的过程中还要注意以下问题。

① 登机前，要为领导妥善办理各种登机手续，再次与当地相关人员取得联系，确认接车人员。

② 到达目的地酒店后及时帮助领导办理入住手续，牢记领导的房号，并及时告知领导自己的房号。

③ 每天早上把当日和次日的行程仔细地核对一下。

④ 要妥善安排领导的一日三餐，特别是早餐。

⑤ 根据行程妥善安排好车辆。

⑥ 每一个行程结束后，都要及时提醒领导接下来的行程并安排妥当。

⑦ 携带领导需要的相关资料，如名片、发言稿件等。

💡 **小·提示** 针对公司领导的商务出差要求进行行程安排，是秘书必不可少的一项工作。秘书应该认真学习以上内容，并将其应用于自己的工作中。

6.2 食宿安排

在领导的差旅生活中，就餐和住宿是极其重要的两个环节，这两个环节得到保障，领导才更有精力去完成相关工作。秘书必须做好领导在出差过程中的食宿安排工作。

秘书小于接到通知，陪同总经理去英国出差，大概一周时间，并需要安排住宿。这可把小于难住了，因为她从来没有去过英国，对那边的情况一无所知：不知道通过什么途径预订英国的酒店，也不知道英国有什么档次的酒店。

不知所措的小于没有心思继续做手头的工作，漫无目的地翻起了一本英国旅游杂志，无意中发现了一家酒店，于是她在网上查了查这家酒店的相关信息，觉得还不错，就在网上进行了预订。至于房间的位置和标准，小于都没有考虑。

总经理和小于到了英国后，按照杂志上的地址找到了这家酒店，办理了入住手续。可是总经理发现自己的房间是在一楼，地面特别潮湿，而且靠近街道和酒店大厅，特别吵闹，房间的配套设施极其奢华。

总经理："小于，这个房间在一楼，地面潮湿，而且靠近街道和酒店大厅，很吵闹，很影响休息。"

小于："对不起总经理，我不知道您喜欢安静，也不知道您怕潮湿。"

总经理："而且这个房间的配套设施太奢华了，没有必要。"

小于："哦……"

那么，秘书在进行出差住宿安排的时候，应该注意哪些问题呢？具体如表6-2所示。

表6-2　领导出差住宿的安排

名称	详细说明
了解领导	为领导安排怎样的房间，一般要根据领导的偏好和习惯来决定。有的领导喜欢安静的环境，想要住清静的酒店；有的领导重视身份，想要住华丽的酒店；有的领导特立独行，往往喜欢住单间；而有的领导遇事希望有个商量的对象，所以喜欢有人与他同住。不同的领导有不同的风格和偏好。

（续表）

名称	详细说明
了解领导	秘书要先了解领导的偏好和习惯，以及喜欢的房间的位置和风格，这样预订房间的时候就会十分顺利了
预订房间	预订房间最重要的就是找到合适的途径，具体如下。 ① 如果是第一次去，秘书可以与当地的旅游和交通部门取得联系，通过他们的介绍了解需要的有效信息。 ② 秘书可借助相关 App 来预订房间。App 上关于酒店的位置、房型、价格、是否含早餐等都有明确说明。秘书可以多选择几家酒店做参考。 ③ 秘书可以通过当地的旅行社或者航空公司来预订房间

以上两个方面是秘书为领导预订房间时应该注意的内容。解决了住宿问题后就要着手安排餐饮了。那么秘书应该怎样安排领导的餐饮呢？

秘书要明确领导一日三餐的标准，如早餐 20 元、午餐 100 元、晚餐 200 元，并且要记住领导的饮食习惯，如领导忌食哪些食物等。

小·提示： 秘书应该对领导差旅的食宿安排高度重视，除了要保证舒适之外，还必须要确保安全，确保整个差旅过程的顺利，使领导圆满高效地完成公司的商务活动。

6.3 票务预订

除了行程安排和食宿安排外，票务预订工作也是秘书需要做的。

总经理和杨秘书急匆匆地来到候车厅，赶乘开往北京的火车。

总经理："小杨，昨天让你买的车票和各种必要的证件都带好了吧？"

杨秘书："带好了，昨天我就把它们装到包里了。"

总经理："赶快把票和证件找出来，现在距离开车只有不到 20 分钟了。"

杨秘书："好的。总经理，这是您的车票……"

总经理和杨秘书拿着车票一路小跑来到检票口，接受检票员检票。

检票员接过车票："先生，您票面上的名字和身份证上的名字不符，根据规定，您不能上车。"

总经理（一脸茫然和焦急）："怎么会呢？票面上写的名字是什么？"

检票员："先生，票面上写的是杜××。"

总经理："没错呀，这就是我的名字。"

检票员："先生，这名字听上去是没错，但是票面上的最后一个字与您证件上的字同音不同字。不好意思，请您去那边仔细核对一下，不要耽误后面的乘客乘车。"说完，把票还给了总经理和杨秘书。

就这样，他们错过了火车，导致工作延误。

在本案例中，杨秘书就是因为在订票的时候没有注意细节，才导致了后续的一系列麻烦。那么，秘书在票务预订工作中，有哪些具体事宜是值得注意的呢？具体如表6-3所示。

表6-3　票务预订

注意事项	详细说明
预订机票时需要注意的事项	（1）机票预订 ①机票种类。 　机票按年龄划分，分为成人票、儿童票和婴儿票。满12周岁（含）的必须购买成人票，2周岁（含）以上、未满12周岁的乘客购买儿童票，未满2周岁的乘客购买婴儿票。 　机票按票价划分，分为头等舱（F舱）机票、公务舱（C舱）机票和经济舱（Y舱）机票，秘书一般根据领导的职级来选择。 ②机票预订步骤。 第一步：查询航班信息。 第二步：通过网络或者电话预订机票。 第三步：支付票款。 第四步：确认预订成功。 ③选择订票渠道。 渠道一：旅游类网站。 其拥有完备的呼叫系统，所以售后服务及时，各类票都很齐全，支付速度较快，出票速度快。

（续表）

注意事项	详细说明
预订机票时需要注意的事项	渠道二：航空公司。 通过航空公司订票，出票率高，但是不方便比价。 渠道三：票务代理机构。 其客户服务水平较高，而且提供月结服务，结账更加方便，但是对购票有数量限制，而且有时候价格不稳定。 （2）值机 值机是指乘客办理登机手续、行李托运、机位预订等。一般情况下，值机分为以下若干种。 ① 传统柜台值机：柜台一般设在候机楼。 ② 自助值机：乘客可以凭借自己的身份证 / 护照通过自助值机设备自己办理登机牌。 ③ 酒店值机：为了方便乘客出行，一些航空公司会把值机服务迁移到某些酒店。 ④ 异地候机楼值机：如果乘客所在的城市没有机场，可以在所在城市办理值机手续，然后到相应城市乘坐飞机。 ⑤ 网上值机：这是现在常用的办理值机手续的方式。乘客在网上办理值机还可以预选座位。 （3）退改签 ① 退票时需注意的问题。 A. 非折扣机票退票。 这种退票分为若干种情况，需要秘书加以区分，以免造成不必要的经济损失。 第一种：在航班起飞 24 小时之前退票的，航空公司收取的退票费不得超过票价的 10%。 第二种：在航班起飞 24 小时之内至 2 小时之前退票的，航空公司收取的退票费是票价的 10%。 第三种：在航班起飞 2 小时之内退票的，航空公司收取的退票费是票价的 20%。 第四种：误机，航空公司收取的退票费是票价的 50%。 B. 对于乘客不是在本售票点购票却要退票的情况，该售票点只能帮助乘客把座位取消，并在机票的尾页上写明退票日期，加盖公章。

（续表）

注意事项	详细说明
预订机票时需要注意的事项	C. 如果在订购机票时不小心输错姓名，导致票面姓名与证件姓名不同，那么可以在重新出票的白联上写明退票原因，向航空公司申请退票。 D. 如果出票时证件号码出现了错误，应该及时和订票代理商取得联系，请求其协助更改，以免误机。 E. 几种不予退票的情况。 第一种：航空公司推出的特价机票。 第二种：对于往返程机票，如果顺序错了，那么始发单程票不予退票。 第三种：已经过了有效期的机票。 ② 改签的注意事项。 机票改签一般情况下包括更改和签转。 更改是指同等舱位的更改或者升舱（承运的航空公司不变）。同等舱位的更改是指更改的航班的舱位和所属的航空公司都是相同的；升舱是指更改的航班所属的航空公司是相同的，但是舱位要优于原先订购的舱位。 签转是指购买机票后，更改乘坐其他航空公司的飞机，签转目前不仅适用于全价机票，有时还适用于折扣机票。 （4）其他注意事项 ① 不要重复提交订单。如果是互联网订票，要注意订单状态，不要重复提交订单，否则会导致重复出票或者航空公司取消机位。 ② 有效证件丢失。如果有效证件丢失了，我们应该及时向机场公安机关申请办理临时身份证明
预订火车票时应该注意的事项	（1）订票途经 目前预订火车票的途径有互联网订票、售票窗口订票、代售网点订票、自动售票机订票等。 （2）取票说明 ① 凭订票时所使用的有效证件，到车站售票窗口、代售网点、自动售票机均可取票。 ② 如果订票时使用的有效证件无法顺利识读，那么应该持订票证件到售票窗口或者代售网点，由售票员登记证件号码后方可取票。 ③ 如果取票前有效证件不慎丢失，那么应该到售票大厅制证窗口申请临时身份证，以便上车。

（续表）

注意事项	详细说明
预订火车票时应该注意的事项	（3）退票 ① 未换取纸质车票的，可在发车前在网上办理网络退票业务（在 12306 官网购买且未检票使用的车票，均可在发车前通过 12306 官网办理退票手续），也可于发车前到车站相关窗口办理退票业务。 ② 已换取纸质车票的，发车前到车站相关窗口办理退票业务。 ③ 遇特殊情况，经购票地车站或票面乘车站站长同意，可在开车后 2 小时内办理退票业务，改签后的车票不能退票。 （4）改签 ① 预订成功后，如果需要改签，可以在网上直接改签，或者把票取出，然后持纸质车票和有效证件到车站售票大厅改签窗口改签。 ② 火车票代售网点不提供退票和改签服务。如果使用身份证以外的证件订票或者身份证不能被识读，在改签的时候应该携带窗口取票号和纸质车票。 ③ 同一张车票只限改签一次

小·提示 关于票务预订，秘书应该把上述内容熟记于心，这样才不会在遇到棘手的情况时让自己或者公司遭受经济损失。

6.4 差旅费用登记与报销

在相关人员出差结束并返回公司后，秘书应该及时对差旅期间形成的各项费用向公司申请报销，原则上不要超过公司规定的报销时限，否则可能会被罚款或者拒报。

某公司的秘书小郭在出差结束并返回公司后，没有把出差情况及时形成书面报告，并且没有对在出差之前填写的"出差申请单"和各种有效的出差单据进行及时整理，导致总经理提醒她去报销的时候，她找不到相关单据。一个多星期后，她才整理好所有的出差单据去申请报销。在报销的时候，由于超过了公司规定的报销时限，小郭受到了超过报销时限按每天 30 元的标准进行罚款的惩罚。

秘书在做差旅费用报销工作时，应该注意哪些问题呢？其实大部分公司都会有相应的差旅费用报销制度，这些制度涉及的核心内容包括差旅费用登记与报销两个方面，如表 6-4 所示。

表 6-4 差旅费用登记与报销

项目	详细内容
办理程序	① 通常公司会要求出差人员在出差之前填写"出差申请单"，这既是方便相关领导批示意见的载体，也是后续报销的凭证之一。一般该表中都会注明出差地点、事由、出差期限、出差预计经费等。经相关部门领导批准后，相关人员方可出差。 ② 出差人员若需要借款，应该持"出差申请单"，并填写"用款申请单"，送交财务部审核，待相关部门领导批准后方可借款。但是财务部要遵循"前账不清，后账不借"的原则。 ③ 出差返回公司之后，出差人员要及时根据出差情况形成书面报告，向相关部门汇报，让相关领导审核后签署意见。 ④ 财务部审核相关领导签署意见的报告以及其他有效的出差单据后，就可以根据相关标准对差旅费进行报销了。 ⑤ 如果差旅费中有与"出差申请单"上填写的信息不相符的费用，那么这部分费用不予报销；对于确实是因为特殊情况而产生的未预料到的费用，经相关领导批准后可以报销。 ⑥ 出差人员要及时向公司申请报销。如果超过公司规定的报销时限，那么公司就要对超过的时间按每天若干金额的标准进行罚款，如果超过的时间过长，则不予以报销，并且追究相关负责人的责任
费用标准	一般公司都会对出差人员实行"包干使用，节约归己，超支不补"的费用标准，这一标准的使用范围通常是补助费、住宿费和市内交通费
报销办法（供参考）	（1）住宿费报销 ① 出差人员的住宿费通常是按照实际住宿的天数来计算和报销的。 ② 如果出差人员住在接待单位或者亲戚家，那么不予报销住宿费。 ③ 一般情况下，出差人员的住宿费按照规定予以报销，如果有特殊情况，可以在相关领导的批准下按实报销。 ④ 住宿费按照每个人职级所对应的标准进行报销。

（续表）

项目	详细内容

报销办法（供参考）	（2）餐饮费报销
	
	离开出发地时，如果在正午 12 点之前，则按照全天标准报销，如果在正午 12 点之后，则按照半天标准报销；返回出发地时，如果在正午 12 点之前，则按照半天标准报销，如果在正午 12 点之后，则按照全天标准报销。
	
	（3）交通费报销
	
	① 如果出差人员乘坐火车，火车票按照出差票据，结合出差人员的职级标准，据实报销。
	
	② 如果出差人员自带交通工具，则交通费不予报销。
	
	③ 出差人员在如下特殊情况下可以乘坐出租车。
	  a. 目的地比较偏远并且没有通往那里的公共交通工具。
	  b. 随身携带需要重点保护的东西，如大量现金、机密文件等。
	  c. 需要发出或者接收的货物非常沉重，并且时间非常紧迫。
	  d. 有重要客人需要陪同。
	  e. 夜间出行不方便。
	
	④ 出差人员所走的路线必须是最近最短的，否则超出的费用不予报销。同时，出差人员在出差期间如果需要探亲、游览，则按照请假予以考勤，费用自己承担。
	
	（4）其他
	
	① 出差期间因为公务招待而产生的费用必须经相关领导批准后才予以报销。
	
	② 出差人员必须要保留完整的车票及住宿发票等供审核人员审核，并以此作为报销的根据。
	
	③ 若出差地为偏远地区，出差人员可以自驾前往目的地。出差人员需据实报销汽油费和过路过桥费。
	
	④ 多人出差时，应按照各自的职级标准报销。
	
	⑤ 出差参加会议，会议费用中包含食宿费的，公司不再对食宿费进行报销，只报销市内交通费

💡 **小·提示** 秘书应该熟练掌握以上内容，严格执行，及时申请报销。

第三篇

沟通协调篇

第7章

沟通布局：定位、类别、办法

对于日常沟通工作，秘书应该掌握角色定位、沟通类别以及进行危机沟通的办法3个方面的知识。

7.1 角色定位

秘书在替领导沟通工作的时候，应该明确自己的身份，不越权越位；把握好方法，不以权压人；把握好分寸，不把简单的问题复杂化；把握好火候，既不错失时机也不急于求成。

7.1.1 明确自己的身份，不越权越位

在职场中，秘书要时刻记住自己的身份，不可越权越位。秘书只是领导决策的执行者，不能将自己错放在领导的位置上，更不能在这种角色错位的基础上做出"代替决策"的越权行为。

小王大学毕业以后，进入北京一家大型贸易公司的杭州分公司工作。小王不仅机灵聪明，而且工作努力。工作一段时间后，他被分公司的李经理看中，于是被调到经理办公室做秘书工作。一天，小王得知总公司的刘副总经理明天要来分公司视察，由于他工作出色，李经理点名要他陪同，一起向刘副总经理汇报工作。小王非常兴奋，心想：这次要在刘副总经理面前好好表现一番，说不定借此机会可以被调到总公司工作。

在刘副总经理视察期间，小王总抢着汇报分公司的一些具体情况。不管是分公司目前的发展状况，还是分公司在发展过程中存在的一系列问题和需要调整的方案，他都侃侃而谈。即使是自己陌生的领域，小王都没有把发言

的机会让给李经理。对刘副总经理给分公司布置的任务，小王也承诺包揽。

刘副总经理视察结束后，小王先李经理一步，热情握手送别刘副总经理。等把刘副总经理送走之后，小王本以为李经理会对自己大加赞赏，可是李经理没有多说什么，只是轻轻地说了一句："辛苦了。"他发现李经理的脸色不太好。没过几天，小王被调到销售部做业务员去了。这让小王始料未及，为此他十分郁闷。

下面来分析一下小王的做法。在整个接待过程中，小王的做法太夸张了，完全是喧宾夺主。小王应协助李经理做好接待的准备工作，并且在接待的过程中做好服务工作和补充工作，把话语权和主动权交给李经理。可是小王却把自己放在了领导的位置上，剥夺了李经理的话语权，甚至替李经理做出承诺，这是明显而严重的越权越位行为。

小·提示 秘书必须明确自己的职业定位，了解自己所扮演的角色，如果放任自己越权越位，则不利于自己的发展，严重的甚至会损害公司整体的利益。

7.1.2 把握好方法，不以权压人

小婕是北京某科技公司总经理办公室的秘书，平时负责协调各部门的工作，上传部门建议和下达领导意见，执行领导的决策，以及协助领导做好接待等工作。

小婕直接接触领导的机会要比公司其他部门的职员多很多，所以她总有一种优越感，总是趾高气扬、盛气凌人，因此她在各部门并不那么受欢迎。更令人不能接受的是，她在工作中常以权压人。

一次，总经理要查看以往与重要客户签下的一些合同，便吩咐秘书小婕去档案管理部取这些合同。

小婕来到档案管理部，吩咐部门职员调出相关合同，通知之后，她便回到办公室忙自己的工作去了。

总经理等了一段时间，还不见有人来送相关资料，便又一次找来了秘书小婕。

"小婕呀, 档案管理部那边你打好招呼了吗? 我要的合同怎么还没有送来? 我急着用呢, 你去催一下。"

总经理并没有责怪的意思, 只是让秘书去催一下。

然而小婕却借题发挥, 急忙跑到档案管理部, 提高了嗓门呵斥, 把每一位档案管理员都数落了一通: "这么一件小事, 你们效率还这么低? 赶紧把我要的合同找出来, 总经理着急要呢。"

档案管理员们很气愤, 集体去总经理办公室投诉, 说秘书以权压人, 一点也不理解他们。

结果总经理让小婕写了一万字的检讨, 停职一天, 进行自我反思。

案例中的秘书小婕为什么不和颜悦色地把工作做好呢? 为什么总是以权压人呢? 长期这样下去, 各部门职员的怨气会越积越多, 如此, 不仅秘书自身的工作会受到影响, 公司整体的工作秩序也会受到影响。

> **小·提示** 从上面的案例可以看出, 以权压人的确不是做好工作的长久之计。秘书切忌以权压人, 否则于人于己都会是一种伤害。

7.1.3 把握好分寸, 不把简单的问题复杂化

一位设计师深受业界推崇, 自己运营一家公司。很多设计专业的求职者慕名而来, 可是这些慕名而来的人鲜有求职成功者。

一位求职者总结了那些人失败的教训, 他发现那些人把简单的问题复杂化了。他们之中有的人喜欢说一些阿谀奉承的话, 有的人喜欢送礼, 有的人甚至会说一些子虚乌有的话, 这些也许恰恰就是该设计师所不喜欢的。

当他见到大名鼎鼎的设计师并向其简单清晰地说出自己的想法时, 该设计师只是上下打量了一下他便转身离开了。他以为自己求职失败了。然而, 两天后, 该设计师的公司的人力资源部通知这位求职者, 他被设计师的公司录用了。就这样, 他成功了。

有时候, 把复杂的问题简单化, 更能体现一个人的智慧与才华; 而把简单的问题复杂化, 会使成功的概率大大降低。

7.1.4 把握好火候，既不错失时机也不急于求成

在日常工作中，难免会有几个部门合作完成一个任务的时候，这时可能会出现无法有序开展工作的情况。如果遇到这种情况，作为协调者的秘书必须出面理顺关系，这样才能达到事半功倍的效果。

某市某中学的校长秘书孙小姐是一个性子很急的人，总是觉得凡事快别人一拍才能彰显自己的能力。所以每当校长布置工作任务后，她就急着向各年级主任打电话催问工作的执行效果。各年级主任都对她的这一行为十分反感。

有一次，校长就"深入解放思想，进一步改革本校教育制度"的重要性做了讲话，讲话结束后，向各年级主任发出了改革方案的征集令。很快，孙秘书把校长的讲话整理成文本打印出来，附带"改革方案征集纸"分发给各年级主任，要求传达学习，并让各年级主任于3个工作日内上交改革方案。

3个工作日后，多数年级主任都以刚收到文件，并没有时间来完成为由拒绝上交。其中一位年级主任早就对孙秘书的做法有意见，同时又没有收到文件，结果不仅拒绝上交，还把电话打到了校长那里，跟校长说："文件还没收到就要交方案，这不是弄虚作假吗？"经过调查，孙秘书果然漏发了这位主任的文件，而且她的做法已经引起了"群愤"。校长批评教育了孙秘书，他指出，孙秘书应该注意时机，应该在校长的改革本校教育制度讲话的当天，将讲话文本和"改革方案征集纸"通过电子邮件群发给各年级主任，而不是把讲话文本和"改革方案征集纸"打印出来（这样既浪费了时间，也无法留痕），且她留给各年级主任的完成时间也很短，体现了她急于求成的心态。校长随后调整了孙秘书的工作。

> **小·提示** 显而易见，孙秘书的急性子导致她在工作中也急于求成。秘书要善于克服急于求成的心理，这是职场人尤其是秘书成熟的一大突出表现。

7.2 沟通类别

良好的沟通是保证公司正常运转的基础，所以它的重要性是不言而喻的。沟通是一门说话的艺术，良好的沟通能促进工作有序进行，反之则会使工作陷入混乱。总体来讲，沟通主要包括横向沟通、纵向沟通及危机沟通。

7.2.1 横向沟通

横向沟通主要是指部门与部门、领导与领导或者员工与员工之间的沟通。在横向沟通过程中，不存在直接的上下级关系。横向沟通的主要目的是加强部门间的合作，减少摩擦。

正是因为不存在直接的上下级关系，横向沟通过程中往往会出现各种各样的障碍。

在某公司的一个新产品开发可行性内部论证会上，各个部门的主要负责人都是站在本部门的角度来看待新产品开发可行性这一问题，而缺乏一种妥协与合作的大局观，最终这一新产品未通过开发可行性论证，导致公司错过了占领市场的大好机会。

部门本位主义思想是横向沟通中常常会出现的障碍。公司内大都有工作业绩的评估体系，而这样的体系可能导致部门本位主义思想泛滥，使部门员工做出短视行为，如员工为了获得晋升、嘉奖，倾向于维护本部门的利益，强调本部门的业绩。

除了部门本位主义思想，还有表 7-1 所示的几种横向沟通障碍。

表 7-1　横向沟通障碍

类型	详细说明
思维方式冲突	各部门员工的思维方式往往不同，这也是各部门之间的横向沟通达不到应有效果甚至失败的原因之一。因为每个人的生活体验、工作领域以及成长经历都是不一样的，所以每个人都会形成自己独特的思维方式，而这种差别往往是不易被其他人所了解的。如果不了解沟通对象特定的沟通方式，很可能导致沟通失败
猜疑、恐惧	负面沟通的经历往往会使人猜疑他人，并感到恐惧。这种现象产生的原因除了信任的缺乏，还与个人的性格有关

那么，秘书要怎样应对横向沟通中的这些障碍呢？不妨试一试表7-2所示的这些策略。

表7-2　应对策略

策略	详细说明
选择有针对性的沟通方式	若组织决策性会议，与会人员可以少而精；若组织通知性会议，只要确保需要知道信息的人员接收到信息即可；若组织咨询性会议，就要增加与会人数，扩大覆盖面，因为其目的是集思广益
树立"内部客户"理念	这种理念要求沟通对象之间换一种眼光和态度对待彼此——像对待客户一样对待彼此
耐心倾听而不是叙述	要求各部门在参加交流会谈时，不要一味地阐述本部门遇到的障碍、困难，指责其他部门的不配合，要学会用心、耐心地倾听其他部门的需求、困难和经验
换位思考	要求沟通各方设身处地地为他人着想，了解他人认知和看待事物的方式，进而找到合适的沟通方式
请上级出面协调	对涉及决策层面的障碍，可以请上级出面与其他部门的领导进行沟通协调，就事论事，尽量协商出让双方都满意的结果

7.2.2　纵向沟通

纵向沟通是指上下级之间的沟通，包括自下而上和自上而下两种方式，自上而下的纵向沟通又称下行沟通，而自下而上的纵向沟通又称上行沟通。

在公司，上行沟通十分重要。上行沟通给员工开辟了一个发表自己的想法、建议和意见的通道，让员工有机会参与公司的管理，这可减少因为员工不能理解领导下达的指令而给公司造成损失的情况。

下行沟通的目的一般是（领导）为了指示、评估及激励员工。

纵向沟通过程中也存在很多的障碍，沟通各方如果对这些障碍没有充分的认识，就很可能导致沟通的失败。

王岚性格直爽、坦诚，总喜欢把自己的想法说给大家听，和大家一起讨论。王岚大学时学的是文秘专业，毕业后只身来到广州求职，最终进入了一家生产食品添加剂的公司，做总经理秘书。

王岚入职后才发现这是一家典型的家族企业。公司的关键职位基本上都由总经理的亲属担任，一些管理人员根本不懂管理理念，她觉得公司的管理体系混乱，这必将成为公司发展的瓶颈。所以，她决定找总经理谈一谈。

"总经理，我来公司将近一个星期了，有一些想法想和您谈谈，您有时间吗？"

"坐吧，王秘书。一直没有时间找你，早就应该和你谈谈了。"

"总经理，我觉得目前公司需要在管理上下一番功夫。对一家处于上升期的公司来说，最容易影响其发展的因素就是管理体系了，我觉得咱们公司的管理体系比较混乱。"

"那就说来听听。"

"据我分析，公司存在的问题主要在于管理人员的职责界定不清，员工的自主权利太小，员工没有建议反馈渠道和参与管理的平台，员工的薪酬水平和结构也是很不科学的，不具有公平性和激励性。"

总经理微微挑了一下眉，说："你说的这些问题的确是存在的，但是公司目前还是赢利的，这就说明目前的管理体系至少是合理的。"

"但这并不代表以后不会有问题。"

"那你说一下具体的方案。"

"目前还没有，如果总经理支持我的想法，我很快就能做出方案。"

"那你先回去做方案。"

王岚觉得自己的沟通是失败的，已经可以预料到第一次建议的结局。果然，她提交方案后，没有得到回应。她有些沮丧，不知道是继续和总经理沟通还是放弃这份工作。

在这个案例中，王岚遇到了倾听障碍和情绪噪声这两种沟通障碍。总经理实际上没有充分倾听王岚的建议，而是满足于公司持续赢利的现状，同时总经理产生了情绪噪声，导致其对王岚的建议持否定态度，所以这次沟通注定不会成功。

那么除此之外，还有哪些纵向沟通障碍呢？具体如表7-3所示。

表 7-3　纵向沟通障碍

类型	详细说明
接收者理解力不足	员工自身应具备的沟通能力之一是理解力。但是并不是所有员工的理解力都在同一水平上，原因是他们在组织内部工作的时长不同。尤其是，如果对一个新员工采取命令的沟通方式，很可能会因为新员工对信息的误解或者理解不充分而造成沟通失败
沟通各方的心理活动引起的障碍	下行沟通中容易出现信息膨胀和扭曲，这是由信息传递方对沟通效果产生的顾虑造成的
不善聆听	员工急于表现自己，想要受到领导的重视时，往往会口若悬河，甚至随意插话
语义表达和理解方面的歧义	在实际沟通中，下级不仅要理解上级的指示，还要善于向上级表达自己的想法。如果下级没有理解上级的指示，一定要及时问清楚，避免造成损失

秘书在了解了以上可能在纵向沟通过程中出现的障碍后，就要琢磨消除这些障碍的策略，不妨参考表 7-4 所示的策略。

表 7-4　应对策略

策略	详细说明
针对下行沟通的策略	① 制订沟通计划。 ② 尽量减少沟通环节，提高沟通的效率，减轻沟通的任务。 ③ 言简意赅，简约沟通。 ④ 要注重反馈，建立完善的反馈平台和机制，鼓励接收者评价信息。 ⑤ 使沟通手段和方式多元化，如将书面沟通和电话沟通相结合
针对上行沟通的策略	① 明确沟通目标，在沟通过程中要站在对方的角度考虑，确保在不损害自身利益的前提下，尽量提供对方期待得到的东西。 ② 明确沟通原则，在沟通过程中要遵循沟通原则。 A.正确定位原则，包括问题导向定位、责任导向定位、事实导向定位。以上述案例为例，王岚只是对公司的管理体系做出了主观的评价，而没有对公司存在的问题进行详细的揭示和描述，就草率地提出了自己的建议，而且也没有给出方案，所以总经理难免会觉得她的建议空洞而没有说服力。

（续表）

策略	详细说明
针对上行沟通的策略	B.信息组织原则。在向领导提出建议之前，要尽可能先掌握相关信息，然后再组织信息，这样才能把存在的问题比较简约、具体地反映给领导，进而才能更有力地提出自己的建议。 ③ 提前准备好解决问题的草案。在给领导提建议前要看到问题所在，然后针对这些问题拟定合理的、可行的解决方案，这样做会比只做空洞的评价更受领导的欢迎和认可。 ④ 先咨询后建议。向领导提建议之前，要先向领导咨询相关的问题，抱着一种虚心学习的态度和领导讨论，这样就可以探知领导对某个问题的态度。之后再提出自己的建议和想法，更能让领导细细斟酌

小·提示 希望秘书能够结合沟通障碍和应对策略，进一步思考相关问题，以便更顺利地完成每天的工作。

7.2.3　危机沟通

危机沟通是指个体或者组织为了防止或者避免危机发生，为了减少危机造成的损失，或者为了尽快摆脱危机而进行的沟通。危机沟通是处理潜在危机或者已经发生的危机的有效手段。

有一天，北京一家互联网公司的总经理回办公室取东西，到了办公室的门口却发现没有带钥匙。当时他的秘书已经下班，他没有办法和秘书取得联系，于是他通过公司的内部电子邮箱向秘书发了一封措辞严厉的谴责信，并同时转发给公司的几位高层人员。

秘书回复了邮件，指控总经理转嫁个人过错，给他人加上"莫须有"的罪名，并转发给了公司的所有人。最终，他们的争端在网上引起轩然大波，两人双双离职。

从这个案例中我们可以看出，危机往往具有一些特征，如舆论关注性等。而某些特征是所有的危机共有的，如表 7-5 所示。

表 7-5　危机的共有特征

名称	内容
危机的共有特征	①危机具有突发性。 ②危机具有破坏性。 ③危机具有不可预见性。 ④危机具有紧迫性。 ⑤危机具有信息不充分性。 ⑥危机具有挑战性。 ⑦危机具有情绪失控性。 ⑧危机具有舆论关注性。 ⑨危机情境资源严重缺乏

那么在危机沟通中可能会出现哪些障碍呢？具体如表 7-6 所示。

表 7-6　危机沟通障碍

障碍	详细说明
缺乏危机沟通意识	上述案例体现了双方缺乏危机沟通意识，双方事先应仔细想一想自己乱泄私愤可能导致的后果
封闭式组织文化	组织文化并不是一朝一夕形成的，它是在组织长期的发展中一点一滴积累起来的，它是组织共同的价值观和行为准则。如果一个组织的文化是封闭式的，那么这个组织的内部往往缺乏有效的纵向沟通。事实上，最先感应到危机存在的往往是一线员工，这些员工向管理者反映意见和担忧时，常常会碰到管理者不善倾听、不予理睬的情况。这种封闭式的组织文化还使组织缺乏与外部利益相关者的联系。所以当危机到来时，组织内部就会一片混乱，人心涣散；而组织外部就会谣言四起，使事态进一步恶化
沟通管理薄弱	一些企业没有专门负责沟通的组织机构，这就使企业缺乏沟通的计划、组织、控制的管理者，因此企业就没办法形成一套具有约束力的沟通制度和规范，很难避免沟通的随意性。另外，管理者获取信息的渠道也是存在缺陷的，例如便于管理者获取更真实信息的直接渠道、创新渠道以及非正式渠道太少，这就导致管理者不能充分了解基层的状况、纵向沟通的效率低下、上下级之间关系疏远等，这些都会诱发企业危机
危机信息传达不及时	危机信息传达不及时，会引起企业全体成员的恐慌和各种猜测，而企业也就不能在第一时间做出反应，在最短的时间内启动危机应对机制，控制危机，降低损失

那么，秘书应怎样克服诸多危机沟通障碍呢？具体如表 7-7 所示。

表 7-7　克服危机沟通障碍的方法

方法	详细说明
帮助设立专门部门、配备专门人员加强沟通管理	秘书要协助领导设立专门部门、配备专门人员来管理企业的沟通事宜，创新沟通方式和渠道，消除横向沟通和纵向沟通过程中的障碍，为面临危机时能够快速反应与有效沟通提供保证
注重危机沟通的时效性	在危机发生时，秘书要在最短的时间内掌握危机的全面信息，并与利益相关者沟通，共享危机信息，使危机得到及时处理，防止危机扩散
确定危机沟通的组织和渠道	在危机发生时，秘书要及时启动危机应对组织和机制，选择合适的沟通渠道
明确沟通对象和范围	在危机发生时，秘书要明确沟通对象和范围并授予适当的沟通权限，如网站、公共媒体等，然后进一步确定沟通的内容

7.3　进行危机沟通的办法

危机沟通在企业的日常管理中是十分重要的，如果危机发生时不及时做出反应，不协调各部门进行沟通，任由企业陷入瘫痪，是很危险的。那么，危机沟通具体要怎样进行呢？

7.3.1　确定重点沟通对象

一旦企业发生危机，秘书必须厘清复杂的关系，确定重点沟通对象，进而有效控制危机。而在一般情况下，企业的重点沟通对象就是那些在危机中受到损失、与危机存在直接联系并对危机发展十分关注的人。

刘先生因为其购买的一辆轿车屡出问题又得不到代理公司的妥善处理而做出了令人震惊的行为，在社会上引起了广泛的关注。

刘先生新买的轿车在 3 个月内接二连三地出现问题，于是刘先生将其送往售后部门进行维修，但是维修后轿车仍然问题不断，此间代理公司也多次派人前去维修，但是始终没有解决问题。所以刘先生向经销商和代理公司提出了换车或者退车的要求，结果遭到了拒绝。气愤的刘先生表示如果保修期满代理公司不予换车或者退车，就将此纠纷提交给法院。可是代理公司并没有回应。

结果保修期满后，刘先生将代理公司告上了法院，法院一审判定代理公司于固定时限内足额退还刘先生购车款。刘先生维权成功了。之后又有其他消费者购买的轿车出现质量问题。因为轿车有质量问题而得不到妥善解决的受害者们在一些社交媒体平台上新建了"汽车质量问题受害者维权交流群"，后来他们约见部分媒体，并举行了记者招待会，进行了维权活动。

通过这一案例不难发现，如果代理公司想要安全解除这一危机，就要及时与车主进行危机沟通。而车主就是这次危机中的重点沟通对象。

7.3.2 利用媒体

2009年2月，原国家质量监督检验检疫总局对某乳制品供应商的某款牛奶×××的食用安全问题提出了质疑。该乳制品供应商基于企业的社会责任，积极与消费者和原国家质量监督检验检疫总局进行真诚沟通。该乳制品供应商及时通过媒体对该事件进行了回应：×××牛奶是安全的，×××牛奶是值得信任的。该乳制品供应商的真诚沟通与行动，成功地化解了危机。

秘书应该懂得利用媒体，在企业面临危机时，及时通过媒体表明企业的立场，维护企业的形象，给企业争取更多摆脱危机的时间。

其实很多企业都懂得利用媒体来保护自己。在面临危机时，秘书常常会协助领导召开记者招待会，从而让媒体传递企业的声音，进而营造有利于企业摆脱危机的舆论环境。

媒体在企业面临危机时会充当哪些角色呢？具体如表7-8所示。

表7-8 媒体在企业面临危机时充当的角色

角色	详细说明
危机的预警者	企业危机在爆发前期，往往是最容易控制和消除的。如果媒体广泛搜集信息，深入地考察外部的环境，报道可能爆发的危机，会引起企业和社会公众的关注，进而促使相关人员控制和消除危机，使企业和社会免受损失

（续表）

角色	详细说明
危机模拟环境的缔造者	在危机爆发之始，媒体是最敏感的，它往往会在第一时间得到第一手消息。人们对危机信息的了解主要是通过媒体的报道实现的。同时媒体基于危机所创造的模拟环境会对人们对现实状况的认知和对他们所做出的行为或者心理上的反应造成影响
危机信息的传播者	媒体往往是各方认知危机以及实现沟通的纽带。人们需要通过媒体对危机进行认知，同时媒体可以指引利益相关者做出应对危机的决策
社会关系的协调者	信息的不公开和不对称，往往会加剧危机的危害，也往往会使社会成员以及企业内部的关系更加僵化。如果媒体可以公平公正地传递信息，就可以协调企业与社会各方的关系，使各方积极应对危机
舆论的引导者	危机中的公众是处在恐慌中的，这样很容易使整个秩序言语混乱。如果媒体可以正面传播信息，制造积极的舆论，鼓舞人心，相信会使企业及社会各方积极应对危机
危机的监督者	媒体可以站在正义的立场上实时监控危机的发展状况，对辟谣信息做正面的报道，这样有利于危机的化解
引领社会各界反思的督促者	如果媒体公开对危机事件进行反思报道，会引起社会的轰动效应，这样有利于引起群体性的反思，使人们在日后面对类似的危机时可以冷静处理

小·提示 了解了以上内容，秘书才能合理应用媒体的力量应对危机，进而化解危机。此外，秘书要合法合规使用媒体，不能利用媒体发布虚假信息。

7.3.3 与企业员工的沟通方式

企业遭遇危机时，当务之急就是沟通，必须把危机的相关信息公布出来而不能遮遮掩掩。企业在面临危机时若不及时沟通，寻找解决的办法，反而封锁消息，会使危机蔓延恶化。

危机沟通首先要从内部开始，即先与企业员工进行有效的沟通。只有企业内部情绪稳定，秩序井然，大家才能共度时艰。

那么，秘书应该如何在企业面临危机时与员工进行有效的沟通呢？

2016年，北京某跨国矿石公司在中国经历了严重的"寒冬之灾"，该公司在中国的营业额每况愈下，这一度让公司管理者们头疼不已，不知道应该采取怎样的策略挽救公司于危机之中。管理者们经过讨论，得出结论，现在公司业绩不佳，要在各个方面严格控制公司的运营成本，绝对不能出现严重且长期的入不敷出的状况。

他们清楚地意识到，目前除了矿石开采和运输以及关税等成本外，最多的就是人工成本了。管理者们开始进行大刀阔斧的改革，削减一些可有可无的部门，精简合并一些职能重叠的机构，其中最重要的一项改革措施就是裁员。管理者们希望通过这一系列的改革措施降低成本，保持公司收支平衡。

该公司的管理者为了顺利裁员，既保证留下的员工对公司一如既往地支持，又使离开的员工深切理解公司此项举措的必要性，让他们知道公司"忍痛割爱"的苦衷，从而维护公司在他们心中的美好形象，采纳了秘书的建议。公司建立了"员工早知道"内网专栏，把公司改革和裁员的信息发布出来，专栏中还设置了对话窗口，方便与员工沟通。

两个月后，公司收到了一些走上新岗位的员工们的联名信，信中表达了他们对公司的理解与肯定，他们还祝福公司渡过难关。

秘书在企业面临危机，与员工进行沟通时需要把握表7-9所示的原则。

表7-9　与员工沟通的原则

原则	详细说明
主动通报	秘书要得到领导的授权，代表领导及时主动地与员工进行沟通，告知其企业的危机与处境。秘书可以把若干正式与非正式的渠道结合在一起，向员工传递相关的危机信息，让员工了解企业的处境及企业的应对措施，打消员工的顾虑，安抚员工的情绪，重塑企业在员工心目中的形象，重振员工的信心
注意员工的情绪	在与员工沟通的过程中，秘书不要一味地传达某项信息或者领导的决策而没有一点儿人情味，要照顾员工的情绪。不论沟通的内容是什么，决策对员工是有利还是有弊，如果秘书冷言冷语，对员工都是一种伤害
平等原则	在与员工沟通的过程中，秘书要以平等为前提，说话不要盛气凌人。对于沟通过程中员工的询问，秘书要耐心回答，不能置之不理

小·提示 秘书要把握上述要点，并要像案例中的秘书一样，和员工沟通，及时稳定企业内部的秩序，助力企业摆脱危机。

7.3.4　与受害者的沟通方式

企业危机中的受害者，是最不能置之不理的沟通对象。秘书要与其进行及时有效的沟通。

北京一家摩托车研发贸易公司，最近接到一家合作多年的代理商打来的电话，对方在电话里说上个月在公司购进的一批摩托车遭到了消费者的投诉，消费者称摩托车的引擎有问题，总是在危急时刻自动熄火且不能立即启动。

公司接到代理商的电话后非常重视，安排了技术专家对摩托车进行问题排查，结果技术专家检测出引擎设计不合理，并表示这对于驾驶者来说非常危险。公司决定把分销出去的摩托车全部召回，而且如果有消费者因为质量问题而受到伤害并来电投诉，公司会及时沟通，进行赔偿，做好善后工作，以免影响自身的信誉和形象。公司董事长非常重视这件事，通知全体员工，尤其是秘书，在产品召回过程中，要严肃对待每一个投诉电话。

这天，秘书小李正在忙着起草董事长急需的公文，突然接到了一个消费者的投诉电话。小李刚拿起听筒，就听到对方破口大骂，要求赔偿，情绪相当激动。

面对这样的投诉电话，秘书小李怎样做才是合适的呢？表7-10中给出了4种可能的做法。

表7-10　4种可能的做法

种类	详细内容
第一种	说自己很忙，请其稍后再打来
第二种	以对方不礼貌为由，挂断电话
第三种	随便找个理由，如任何产品都会有问题，搪塞过去
第四种	先安抚对方，然后听对方详细说明情况，最后告诉对方自己报备领导后给其回复

下面来分析一下这4种做法。

第一种做法表明秘书只考虑了自己的当务之急，没有把"以消费者为中心"的经营理念深植于心。实际上相较而言，处理好消费者的投诉比起草公文更重要。所以这种做法欠妥。

第二种做法表明秘书过于情绪化，这样只会让消费者更加生气，会让消费者采取更加极端的手段。所以这种做法不可取。

第三种做法是秘书不负责任的表现。如果小李采取这种做法，那么他就忽视了公司的产品问题给消费者带来的实际损失。所以这种做法不可取。

第四种做法毫无疑问是正确的做法。

小李实际上采取的是第二种做法，本来忙得焦头烂额的小李被情绪暴躁的消费者点燃了怒火，没有问清楚整个事件，就草草挂了电话。

就在小李接到这通电话的两天后，媒体上到处都是关于公司的负面报道。原来，那个拨打投诉电话的消费者因为在行驶的路上摩托车突然熄火，但是又没能立刻发动，被后面的轿车侧挂倒地，多处骨折；又因为自己的投诉电话被无情挂断，一气之下向媒体投诉。

董事长知道后对小李进行了批评教育。

因此，与受害者沟通，秘书至少要注意表7-11所示的几个原则。

表7-11　与受害者沟通的原则

原则	详细说明
全面掌握情况，主动承认错误	面对受害者时，秘书首先要了解受害者受到了哪些实际损失，然后要代表企业主动承认错误
制订切实可行的补偿方案	秘书在把情况报备给领导的时候，应该附带一系列切实可行的补偿方案，给受害者一个交代
做好善后工作	秘书在与受害者沟通时，不仅要协商补偿方案，更要对受害者进行情绪安抚，做好善后工作，避免受害者因不满而做出其他有损企业形象的行为

7.3.5　与媒体的沟通方式

企业在面临危机的时候，应该特别注意并且重视与媒体的沟通。

130

那么，秘书要怎么与媒体进行沟通呢？

第一，秘书要掌握与媒体沟通的几个原则，如表 7-12 所示。

表 7-12　与媒体沟通的原则

原则	详细说明
维护企业形象	秘书要时刻维护企业的形象。良好的企业形象是企业得以立足、发展的名片
对外公布信息	秘书要有利用媒体向外界表达企业的立场、公布信息的意识
杜绝谣言滋生蔓延	秘书要利用媒体营造有利于企业的舆论环境，避免谣言的出现和蔓延
防止衍生事件发生	秘书要通过媒体发表对企业有利的言论，防止衍生事件的发生

第二，秘书在与媒体沟通时要注意以下事项。

1. 重视媒体、态度积极

媒体的力量往往超乎想象，它能让一件小事变成人人热议的焦点。所以秘书应该重视媒体，以积极的态度与其沟通，而不应该抱有以下 3 种态度。

（1）唯恐避之不及

这是指秘书闭门谢客，拒绝一切相关的采访。

（2）唯恐言多有失

这是指秘书因害怕说错话，对相关问题只字不提，不透露任何相关信息。

（3）唯恐辩解不周

这是指秘书完全不顾事情的真相，总是以苍白无力的话语辩解。

北京一家生产精密仪器、设备的贸易公司同一位商人洽谈生意，这位商人很早就听说这家公司的产品质量非常好，售后服务也非常棒，而且送货及时，没有逾期送货的先例，所以商人很快与该公司签订了购买大批生产设备的合同，并付了大笔定金，还想和公司建立长期合作关系。

在运输过程中，因遭遇台风，设备的外部包装严重受损，但是因为还有严密的内部包装，设备并未受到损害。只是货物送到商人公司的时候，比合同规定的日期晚了一天。

还没等到商人结付余款，秘书就接到了商人的投诉电话。商人指控公司不仅送货逾期，而且以次充好，要求公司退还定金。

秘书拒绝了商人的要求，并要求商人结付余款。

之后，秘书发现媒体上出现大量指控公司产品质量有问题、送货不准时、没有诚信等的负面信息。

很快公司的大厅内便挤满了各路媒体人员，等待采访。可是秘书一直闭门谢客，不接受任何采访。秘书在出门打饭的时候，被记者围住，可是秘书还是对事件的相关信息只字不提，只是说着苍白无力的辩解之词，说商人无中生有。

结果随着媒体的报道，事件不断升温，对公司不利的谣言也此起彼伏，严重影响了公司的发展，使公司的业绩下降。

之后，秘书便以新闻发言人的身份针对这一事件召开了记者招待会，澄清了送货逾期的原因，并证实产品质量并无问题。

经过这次记者招待会，公司的信誉得以恢复，生意也渐渐好转。

其实秘书一开始就应该积极面对媒体，并且重视媒体的作用，利用媒体澄清自己，保护自己。

2. 利用媒体，获得话语权

秘书利用媒体的巨大影响力，可以拥有更大的话语权，进而维护企业形象。

3. 开诚布公，不说谎

秘书如果撒了一个谎，就可能要用更多的谎言来圆谎。

4. 建立媒体关系网

秘书要及时建立自己的媒体关系网，这样才能最大限度地利用媒体，帮助企业拥有化解自身危机的舆论力量。

💡 **小提示** 秘书应该多了解一些与媒体打交道的原则和注意事项，必要的时候把它们运用到实际工作中去。

第 8 章
沟通要领：熟悉对象，能听会说

沟通要领大体包括 4 个方面，一是了解沟通事宜，二是了解沟通对象的行为习惯和工作风格，三是听的技巧，四是说的技巧。

8.1 了解沟通事宜

了解沟通事宜对沟通而言至关重要，就像打靶，要有明确的目标才不会浪费子弹。了解沟通事宜，才能使沟通顺利进行。秘书要了解沟通事宜，就得熟练使用必要的沟通记录工具并善于提出适当的问题。

8.1.1 熟练使用必要的沟通记录工具

秘书在日常工作中，往往会面对很多沟通对象：有些沟通对象是比较固定的，如同事、业务往来频繁的单位或者部门的工作人员；但是大部分沟通对象是不固定的，如没有提前预约的来访者或者购买了公司产品而由于种种原因前来投诉的消费者等。及时了解并明确这些沟通对象的基本情况，会使秘书的沟通工作更加顺利。

小丽是北京某上市公司的总经理秘书。因为公司的业务很多，总经理每天的日程都被排得满满的。

上海某上市公司为了进一步扩大自己的业务范围，想要通过强强联合的方式来获取更多有利于自己发展的资源，所以一直在全国范围内寻找实力相当的同行业的公司。就在今年的某一天，关注北京这家上市公司很久的上海某上市公司的总经理没有预约就突然到访北京这家公司。

上海某上市公司总经理对小丽说："小姐，你好，我是上海某上市公司的总经理，这是我的名片。"

小丽："您好，请问您有什么事情吗？"

上海某上市公司总经理："我们公司与贵公司算是同行业的公司，所以我关注贵公司很久了，而且得知贵公司的实力很强。我们公司现在想要在全国范围内寻找一个实力相当的合作伙伴，想要与贵公司达成'南北对话，强强联合'的美好愿景，所以我想要拜访一下贵公司的总经理，请问方便引荐吗？"

小丽："真的不好意思，我们总经理非常忙，如果没有预约，很难给您协调与总经理见面的时间。"

上海某上市公司总经理："可是，我是很有诚意的，而且如果贵公司与我们达成合作，相信不会后悔的。"

一般遇到此情形，作为秘书的小丽很可能采取表 8-1 所示的几种做法（以语言形式展示）。

表 8-1　可能采取的做法

种类	详细内容
第一种	对不起，我们公司近期没有寻找合作伙伴的计划
第二种	对不起，真的很难协调，您还是请回吧，或者您可以自行预约试一下
第三种	您先稍等一下，我现在试着预约一下，看能否预约成功
第四种	您的名片我先保存好，请您去那边填写一份详细的预约登记表，表里会有包括预约意图在内的各种需要填写的项目，然后，如果您不介意，请配合我完成一份询问调查记录。这样，我就可以把您的详细信息转告给我们总经理，以方便总经理全面了解您的相关信息。这也有利于总经理尽快决定是否接受您的预约。您看怎么样

下面分析上述几种做法。

第一种做法是最草率的，也是越权越位的一种表现，小丽很可能替总经理做了一个错误的决定。

第二种做法礼貌一些，但是还是有些不妥，因为小丽并没有完全了解对方的信息，如果对方自行预约失败，而小丽又不能向总经理详尽地转达对方的来意，真的很可能使公司失去一个好的合作伙伴。

第三种做法在一定程度上是正确的，因为其为双方达成合作提供了成功的机会；但是就向总经理预约而言，还是有些不当的地方，因为小丽还没有详细地了解对方的信息，万一对方的实力并不强，总经理并不想与对方合作，这无疑会浪费总经理的时间。

第四种做法是最稳妥的，既能够保证详尽地了解对方的信息，又能够保障不会草率地打扰总经理。在这种做法中，小丽灵活地运用了"预约登记表""询问调查记录"两种沟通记录工具，这样就确保了对方的信息不会失真，也能够完美地达到沟通的目的。

小·提示：秘书应该懂得熟练使用沟通记录工具，保证自己的沟通工作是有效的。

8.1.2 善于提出适当的问题

对于那些不固定的沟通对象，秘书不能直接突兀地帮其进行预约，应该对一些细节性的问题进行重点询问，这样会使自己掌握的信息更加具有针对性，也能避免因草率而工作失误。

周女士是北京某集团的总裁秘书，平时集团的一些访客都由她先接待。

有一次，本市某公司的项目经理想要拜访集团总裁，进行商谈，依照旧例，由秘书周女士先行接待。经过简短的谈话，周女士大概明白了对方的拜访意图，也粗略地了解到了对方想要商谈的时间，而且那个时间总裁正好有空，于是她向总裁简单地介绍了对方的情况，并且定下了商谈时间。

然而，就在商谈的当天，这位项目经理与总裁的实际商谈时间大幅度超过预计的商谈时间。总裁出于礼貌，耐心地配合对方商谈直至结束。然而，由于与那位项目经理商谈的时间过长，等到总裁赶到对于整个集团的业务扩张非常重要的一次多方会谈现场的时候，多方会谈已经接近尾声。自然而然，尽管该集团对各方与会代表所在的公司而言是一个非常好的潜在的合作伙伴，各方与会代表所在的公司却没有一个与总裁所在的集团签约合作。就这样，该集团在自己的业务扩张过程中失去了不少商机，而总裁之前与那位项目经理的商谈对集团而言并没有什么实际价值。

上述案例中，集团失去诸多商机是集团总裁的过错吗？其实不然，归根结底应该是秘书工作的疏忽。秘书不严谨的工作态度，使她对那位项目经理的拜访意图以及想要进行商谈的时间，都只是做了一个大概的了解，而且对于商谈所需的时长、他所负责的项目以及他所代表的公司的运营状况，都没有进行了解。正是秘书这种不严谨的态度，致使集团遭受双面损失，一方面在与项目经理的商谈中没有得到实际上的利益，另一方面在多方会谈中失去了对集团而言至关重要的诸多商机。

如果周女士在询问那位项目经理拜访总裁的意图和想要进行商谈的时间后，再细致地询问对方商谈大概需要的时长，就能更有针对性地选取更合适的时间来安排总裁与那位项目经理的商谈。

小·提示： 如果秘书在对访客进行预约登记后，进一步关切地询问对方是否还有其他的需要，那对方会感到秘书细致周到且亲切，也就更愿意配合。这样秘书也就能掌握更多的信息，进而做出更合理的安排。

8.2 了解沟通对象的行为习惯和工作风格

秘书的日常工作往往是从沟通开始的。秘书若想沟通工作变得更加轻松高效，那就免不了要去了解沟通对象的行为习惯和工作风格。

8.2.1 了解领导的行为习惯和工作风格

不同的领导有着不同的行为习惯和工作风格，心理学家库尔特·勒温（Kurt Lewin）把领导分为 A、B、C 三类。A 类领导是专制型领导，这类领导做事比较直接果断，但是有时给人以独断的感觉。B 类领导是民主型领导，这类领导比较喜欢寻求大家的意见，然后再做出决策。C 类领导是放任型领导，这类领导下放权利，让员工有成就感。

其实，这三类领导各有优缺点。针对不同类型的领导，秘书需要如何做好自己的工作呢？

北京一家互联网公司的总经理接到一个代理商打来的电话。代理商在价格方面提出了无理要求。总经理感到十分气愤，立即把秘书叫到办公室，说道：

"真没想到这个代理商会这么不讲道理，虽然合作了这么多年，但我看与这个代理商的合作可以终止了。把这个代理商拉入公司黑名单，并在公司会议上公布。"

按照总经理的意思，秘书需要迅速起草一份解约协议以及一则通告。那么，秘书应如何回复呢？表8-2中列出了4种可能的做法。

表8-2　可能的做法

种类	详细内容
第一种	"好的。总经理。"说完，秘书立刻走出办公室，去起草解约协议及通告，并邮寄解约协议
第二种	"好的。总经理。"说完后秘书觉得总经理正在气头上，说的话当不得真，不如先不写解约协议及通告，等等再说
第三种	"总经理，这么做得不偿失，为了一时之气，得罪这个老客户，不值得。请您三思。"
第四种	"好的。总经理。"随后起草解约协议及通告，过一会儿将解约协议及通告拿给总经理过目，并询问其是否发布

下面分析以上4种做法，如表8-3所示。

表8-3　做法分析

种类	详细说明
第一种	对总经理的决定采取绝对的重视、服从的态度，但是没有自己的思考
第二种	出发点是对的，但是有损总经理的权威。秘书的职能是协助领导实施决策，而非代替领导做决策。这一行为逾越了秘书的权限
第三种	出发点是对的，但是也越权了
第四种	这是比较正确的做法。总经理也是普通人，对一个突发事件带有感情色彩是可以理解的。不过当怒气消退后，他很可能会后悔。如果决议已经执行，将带来不可避免的损失。秘书在最后询问总经理要不要发布，其实也是想让总经理再冷静地考虑一下。如果其怒气消除后，仍做出这一决定，那也没有不妥。因为多数秘书考虑问题不如领导周到，这和一个人的阅历有关。有时领导确定不再与某一客户合作，可能是经过理性分析之后的决策

！·**小·提示** 秘书平时要尽可能多地观察领导的行为习惯和工作风格，领会领导的真实意图并结合具体环境，这样才能做出正确的决策。

8.2.2 了解他人的行为习惯和工作风格

秘书在日常的沟通工作中，应该认真了解他人的行为习惯和工作风格，并且对他人的行为习惯和工作风格持包容和接纳的态度，这样才能取得良好的沟通效果。这里的他人指领导以外的人。

龚小姐是一个聪明伶俐的女孩，文秘专业的她刚刚大学毕业就进入了北京一家公司做总经理办公室秘书。初入职场的龚小姐工作非常努力，她想凭借自己的努力让自己的人生更加精彩。

总经理办公室里还有一个童秘书。童秘书比龚小姐早工作两年，喜欢倚老卖老，对她不苟言笑，而且总是指使她干活，还对她的工作指指点点，对她各种不满意。

龚小姐很想质问她为什么这样对自己，很想跟她大吵一架。后来龚小姐想：只要自己一直勤奋努力，早晚有一天会令童秘书刮目相看。

童秘书不把龚小姐当回事，也不愿意去了解她，致使双方沟通不畅。

有一次，童秘书递给龚小姐一份合同，并说："这是一份非常重要的合同，你马上按照上面的地址寄出去。"龚小姐于是立即赶到了邮局，但是邮局里的人特别多，自己不得不排队。就在排队的过程中，龚小姐无意间看到了合同的内容，发现其中货款总额的大小写竟然不一致，货款总额小写是300000.00，大写却是叁佰万元整。

龚小姐反复核对后，认为合同确实有误，于是，龚小姐及时把合同拿了回去，交给童秘书，细心地说明了合同里的错误，并请童秘书重新改正。

童秘书因此避免了工作失误，也逐渐了解了龚小姐严谨努力的行为习惯和工作风格，从此，她们的沟通变得顺畅了。

由上述案例可以看出，秘书在沟通的过程中需要了解他人（如同事）的行为习惯和工作风格。龚小姐反复核对后，发现合同确实有误，并及时将合同拿给童秘书改正，龚小姐严谨努力的行为习惯和工作作风使童秘书避免了工作失误，使公司免受损失。

8.3　听的技巧

听在人际沟通中十分重要。听往往比说难。在沟通的过程中，秘书要掌握一些听的技巧，如小声附和、看着对方的眼睛、让对方把话说完等。

8.3.1　小声附和

秘书在日常的人际沟通中，如果懂得认真聆听并且适时小声附和，不仅是对对方的一种肯定，更是对对方的一种莫大的鼓励。如此之后你会发现对方变得更加积极，更加愿意与你沟通。

余秘书是北京某家初创公司的总经理秘书，由于她的气质温文尔雅，不论是在工作中还是在生活中，她都是一个好的沟通对象，故而她在职场中受到领导的重视。

有一天，余秘书刚刚到公司不久，就迎来了一个没有提前预约的客户。

"您好，我是天津某公司商务合作部的经理，这是我的名片。"

"您好，欢迎光临，请问您……"余秘书虽然感到对方有些唐突，但是出于礼貌，她还是主动和对方握手表示欢迎。

"哦，刚刚您应该看到我名片上的信息了，我们公司和贵公司有一定的相关性，我们公司上市 10 多年了，实力自然是不差的。但是现在各大公司都处于革故鼎新的关头，所以我们公司也不能落后。为了快人一步，我们不但启动了内部改革，而且也要在外部寻求有活力、有朝气、有潜力的合作伙伴。"

"哦，是吗？"

"虽然贵公司刚刚起步，但是我考察过了，贵公司是一个非常有潜力、有活力的企业，未来的发展会非常好。"

"谢谢，很荣幸受到您的赏识。"余秘书面露微笑，并且不断地小声附和着。

"您是贵公司总经理秘书吧？我向您详细介绍一下我们公司，包括我们的历史和革故鼎新的战略，这样您可以更详细地向你们总经理汇报……"

在整个沟通的过程中，余秘书始终表现出很高的兴致，全神贯注地聆听，没有丝毫的倦怠，而且在对方说到关键地方的时候，会小声附和。正是由于余秘书这种积极的聆听态度和恰如其分的附和，整个沟通氛围非常融洽。

对方因为感到很受尊重，最后还说了很多题外话，并且承诺余秘书所在公司如果愿意和他们合作，举办合作仪式时他们可以邀请各大媒体前来宣传报道，且保证余秘书所在公司可以享受很多的媒体资源。

最后，双方成功合作，余秘书所在公司也迎来了高速发展的时期。

秘书在听沟通对象说话时，可以适时地附和一声"嗯"，然后轻轻点头；可以适时地附和一声"哦"，然后简单重复对方所讲的关键词；可以适时地附和一声"好的"，然后简要分享一下自己的观点或者感受；还可以适时地附和一声"是吧""真的吗""您说得很有道理"等。

> **小·提示** 秘书在沟通时懂得在关键时刻小声附和是很重要的，这可以让对方感受到莫大的肯定。

8.3.2　看着对方的眼睛

心理学家费尔普斯曾经说过："'目光相接'这种行为被视为一种表征'亲密'关系的信号。"秘书在沟通过程中，应该善于营造"亲密"的沟通氛围，让对方愿意在这种舒适的氛围中"敞开心扉"。

北京某装饰公司总经理之前和南京某建筑工程公司总经理洽谈了关于达成战略合作伙伴关系的事宜。后来南京某建筑工程公司经过多方考察和反复考虑，终于下定决心要和北京某装饰公司进行合作。

这天，南京某建筑工程公司总经理亲自赶赴北京，兴致勃勃地来到北京某装饰公司签署合作合同。来之前，南京某建筑工程公司总经理就和北京某装饰公司总经理取得了联系，但是得知对方因公务出差不能亲自接待，不得不让自己的秘书代替自己接待并完成签约工作。南京某建筑工程公司总经理觉得一切事宜都已经谈妥，剩下的只不过是一个签约工作，其秘书应该可以胜任，于是欣然答应。

在北京，接待南京某建筑工程公司总经理的是北京某装饰公司总经理的秘书林女士。林女士在接待的过程中，为对方简单地回顾了合同条款，并让对方核实合同的内容是否和之前谈的一致。整个合同核实的过程都很顺利，而且沟通氛围也很和谐融洽。南京某建筑工程公司总经理非常满意，准备签约。他在自己的公文包里取签字笔和公章的时候，和林女士聊起了自己的儿子考上重点大学的事情，并把目光投向对面的林女士。然而这时林女士的某个同事看到签约事宜谈得差不多了，就和林女士谈起了昨天网购化妆品的事情，这时候林女士竟忘了对面还坐着客方总经理，和同事畅聊起来。

南京某建筑工程公司总经理在把目光投向林女士的时候，发现对方并没有将目光聚焦在自己身上，而是只顾和同事聊天。于是，他默默地把签字笔和公章装回了公文包，起身离开了。

如此，双方的合作取消了。后来林女士才明白，当时南京某建筑工程公司总经理正在谈令自己得意的儿子，渴望得到林女士赞赏的眼神，而林女士却在和同事聊天，完全忽视了沟通中必要的眼神接触。从此以后，林女士再也没有忘记在沟通时适时地看对方的眼睛。

8.3.3　让对方把话说完

在和别人沟通的时候，耐心地听对方把话说完，是对沟通对象最基本的尊重。秘书不应轻易打断别人说话，而应让对方把话说完，这样不仅能够提高自己的工作效率，更能够节约他人的时间。相反，如果秘书在别人说话的时候频频打断，不仅会耽误双方的工作时间，更有可能使对方由于自己的意见或想法没有得到充分的表达而产生焦躁、反感等负面情绪，影响深入沟通。

北京某公司的总经理每天都非常繁忙，要参加各种应酬。

这天，总经理给秘书冯女士交代工作的时候，语速非常快，这是因为给秘书交代完工作之后，他要赶着去参加一个非常重要的多方会议。总经理由于语速太快，对有些细节问题没有交代得特别清楚，导致秘书冯女士疑问连连。

　　面对领导对工作的"如此传达"，为了保证不出差错地完成领导交代的工作，秘书冯女士很有可能采取表 8-4 所示的几种做法之一。

表 8-4　可能采取的做法

种类	详细内容
第一种	"等一下，总经理，您刚才说的'×××'是什么意思呀？""总经理，您刚才说的是×××吗？""总经理，对于这个问题真的要采取这样的措施吗？我觉得×××会不会更好一点……"就这样，秘书冯女士在总经理说话的过程中提出一个又一个的问题，一次又一次地打断总经理说话
第二种	在总经理说话的过程中，秘书冯女士默不作声地做着笔记，等总经理交代完后，尽管有很多疑问，她也没有及时地反馈和询问，而是走出总经理办公室，自己想当然地着手去做总经理交代的工作
第三种	在总经理交代工作的过程中，秘书冯女士默不作声地做着笔记，并没有进行思考，甚至在总经理交代完之后，也没有及时地对笔记内容进行梳理和思考，没有反馈任何问题。等到拿着笔记本回到自己的办公室细细琢磨时，她才发现有一连串的疑问，于是匆匆忙忙跑到总经理办公室询问。这时候，总经理正要起身去参加后面的会议
第四种	秘书冯女士在总经理交代工作的过程中和交代完之后都没有进行及时的思考和相关问题的反馈，等到工作进行了一半才发现有问题，于是搁置工作，去向总经理请教
第五种	秘书冯女士在总经理交代工作的过程中没有打断总经理，而是认认真真地做着笔记，并且对总经理的话进行思考，同时把问题梳理好记在笔记本上。等总经理交代完毕之后，秘书冯女士第一时间提出自己的疑问，并且就自己的疑问阐述自己的观点和想法，请教总经理是否正确，如果自己的想法和观点出现差错，就请总经理及时纠正

　　上述 5 种做法被秘书冯女士采纳的概率都是相当大的。现在针对这 5 种做法做一下简单的分析，如表 8-5 所示。

表 8-5　做法分析

142

种类	详细说明
第一种	这种做法是最不推荐的，在职场沟通过程中，这种做法也是最忌讳的。总经理如果在交代工作时总是被打断，其情绪定会受到影响，其思路也很可能被打乱。另外，如果总经理总是不断地解决问题，那么总经理交代工作的效率会大大降低，而且会耽误其后面的工作
第二种	这种做法能够保证总经理顺畅地把话说完，这一点是非常值得肯定的；但是秘书冯女士对于自己存在的疑问不及时反馈，而且自以为是、想当然地去工作，这一点却是非常不理智的，因为她若按照自己的想法去执行，很容易出现不好的结果
第三种	这种做法虽然比第二种做法好一些，但是同样是不可取的。很明显，这样做不但会耽误总经理后面的工作，还会推迟总经理交代的工作的执行时间
第四种	这种做法会耽搁甚至中断工作进程，所以是不可取的
第五种	这种做法是最合适的，因为秘书冯女士既没有打断总经理说话，保证了总经理顺畅地把话说完，而且及时反馈了问题并提出自己的见解。这一方面可以让总经理及时帮助自己解决疑问，另一方面可以使自己和总经理深度沟通，从而有利于工作的高效开展

案例中的秘书冯女士最终采取了第一种做法。由于秘书冯女士连环炮式地追问，总经理花费了很多时间才把工作完整交代下去，而其情绪也受到了很大的影响，并且他在后面重要的多方会议中迟到了。

💡 **小·提示** 秘书在听别人说话的时候，要让对方把话说完，特别是在领导交代工作的时候，如果有疑问，可以先记录下来，千万不要像案例中的秘书冯女士那样不断提问，应该等对方把话全部说完之后，再提出自己的疑问。

8.4 说的技巧

说对秘书的沟通工作而言也是相当重要的。当然，秘书在与他人沟通时，要注意说的技巧。秘书要尽量掌握4个方面的说的技巧：语言通俗易懂、把握说话节奏、多用敬语、重复要点。

8.4.1 语言通俗易懂

秘书在日常的沟通工作中，应该多采用通俗易懂的语言来和沟通对象交流。

卫女士在大学学的是文秘专业，毕业后进入北京一家药业集团担任总经理秘书。在平时的工作中，卫女士表现突出，但是在与人沟通时，她总是会在不经意间暴露一些小问题。

有一个很有实力的客户对一般的药理学知识有所了解，想凭借自己掌握的药理学知识，向医药领域进军。

这个客户经过一番调查和了解，发现并关注了北京这家药业集团。这个客户到了北京这家药业集团后，由秘书卫女士负责接待。

卫女士："您方便简单介绍一下贵公司的情况吗？"

听过客户的一番介绍，并且做了一番考察之后，卫女士觉得客户还是很有实力的，可以考虑作为合作伙伴。不知不觉间，卫女士与客户沟通交流的氛围变得越来越融洽了。

卫女士："那我也来介绍一下集团的基本情况吧。"由于一时得意，她说起了方言，让客户听得不太明白。

客户："呃……卫女士……卫女士……好了，好了，您介绍得够详细了，咱们换一个话题吧。集团的药物是自主研发和制造的吗？集团经营的主要药物都有哪些呀？"

卫女士："当然了。集团所有的药物都是自主研发和制造的。您知道我们采取的制药技术是什么吗？我们目前采取的制药技术主要有'分子提取技术'……另外，您知道吗？集团不仅制药技术先进，管理机制也是特别先进的，集团现在采用的是'5S管理'模式……"

客户（此时客户感到非常尴尬，因为他对卫女士说的这些制药技术和管理制度都不太熟悉）："哦哦……对了，您还没说集团主要的药物有哪些呢？"

卫女士："现在集团对中药和西药都在研制，而研制的重心是中药，因为集团的经营理念里有一条就是'传承和发扬中华医理'。那就先说说中药，集团重点研制的几味中药的成分包括葛根、夏枯草……"

客户听着这些，真是比听她说方言还费神。客户走了之后，卫女士再联系他时，他说自己还要去再多调研一下，再考虑合作事宜。原来，秘书的方言和秘书谈到很多他不懂的制药技术和管理制度方面的专业术语让客户对双方的合作产生了畏难情绪。

仔细想想，卫女士说话的方式的确欠妥，她忘记了在沟通时应该尽量采用通俗易懂的语言。秘书在沟通过程中具体应该遵循表8-6所示的两个原则。

表 8-6　相关原则

原则	详细说明
说普通话	在日常的交际中，秘书不应该采用对方听不懂的方言，而应说普通话
说明白话	秘书在实际的沟通工作中，应该充分考虑沟通对象的职业性质和受教育程度等因素，最好采用别人一听即懂的话语，最忌讳的就是满口"之乎者也"，或者滥用专业术语。如果秘书在交谈的过程中过于咬文嚼字，或者卖弄学识，很有可能被别人取笑为"掉书袋"，更严重的会招致对方的反感，或者使对方受打击，进而影响沟通效果。 秘书在交谈的过程中应该以务实为原则，把达到交流的目的作为目标，尽量采用通俗易懂的话语

小·提示　建议秘书吸取上述案例中卫女士的教训并借鉴上述原则，学以致用，掌握在沟通中说话的艺术和技巧。

8.4.2　把握说话节奏

秘书在实际的工作中，不论是向领导汇报工作，还是与同事或客户沟通，都应该特别注意自己的说话节奏，不宜过快，也不宜过慢。

北京某进出口贸易公司在每年6月都会举行一次年中工作报告会议，总经理要听取各部门经理以及员工代表的述职报告。

常女士是这家公司的总经理秘书，在往届的会议中她都是第一个述职，今年同样如此。虽然秘书的工作比较烦琐，需要汇报的工作内容也比较多，但是总经理并没有给她延长述职的时间，因为总经理想要借这个机会，把她的口才锻炼得更好。

在开始的时候，常女士述职的语速明显过慢，让在场的人昏昏欲睡，就连总经理都没有耐心听下去了。

她在开始说一系列重要数据的时候，觉得自己已经浪费了一大半时间，于是突然加快了语速，在场的人猛然间被她颇具"杀伤力"的语速给惊醒了，她快速地说着大量的数字，中间没有任何停顿，大家听得晕头转向。最终，述职效果并不理想。

其实不论是汇报工作还是演讲，或者日常沟通，秘书都要把握好说话节奏。如果语速过慢，可能会让他人昏昏欲睡；如果语速过快，很可能使他人无法完全理解所讲内容。

那么，秘书在实际工作中，该如何把握说话的节奏呢？具体方法如表8-7所示。

表8-7　把握说话节奏的方法

方法	详细说明
区分听众	秘书在与人沟通时，要注意明确区分沟通对象的年龄和状态。与年轻人沟通，语速可以适当快一些；与老年人沟通，语速要适当放慢……
自我检测	在汇报工作或者与别人通电话的时候，秘书可以把自己的声音录下来，然后播放录音，以旁听者的身份来客观评判一下自己的说话节奏是否合适
请人评判	秘书可以请自己的领导或者身边的同事、朋友做评判员，在工作汇报结束或沟通结束的时候，向他们询问自己说话的节奏是否合适，或者在汇报和交流过程中，向自己的听众询问类似问题，以便及时调整语速

💡 **小提示** 卡耐基曾经说过："沟通如同呼吸，是一个人生存所不可或缺的。"对秘书而言，有效的沟通更为重要。想要实现有效的沟通，秘书必须把握好说话节奏。

8.4.3　多用敬语

秘书在日常的工作中，要多使用敬语，且语气不能过于生硬。

尽管鲁秘书工作雷厉风行，但始终不被董事长重视，原因就在于她说话常有失分寸。

就在鲁秘书埋头工作的时候，电话响了。

董事长："小鲁，来我办公室一下。"

鲁秘书放下电话，径直走向董事长的办公室。

鲁秘书："你找我有什么事？"

董事长（对于鲁秘书生硬的语气已经很不高兴了）："各部门的数据和材料怎么还没有收齐呀？没有数据和材料，我无法做下一年的工作战略部署和预算。"

鲁秘书："我已经催过好几次了，也被某些部门骂过好几次了。"

董事长："那我的工作报告发言稿，你什么时候可以写好？"

鲁秘书："他们不给材料和数据，你让我怎么写？"

董事长："好了，没事了，你去忙吧。"

在将各部门的材料和数据都收齐并将董事长需要的工作报告发言稿一同送到董事长办公室的两天后，鲁秘书正在伏案写着自己的工作报告，突然，电话响了。

董事长："来我办公室一下。"

鲁秘书放下电话，来到董事长办公室。

鲁秘书："你找我有什么事？"

董事长（对于秘书仍旧生硬的语气已经很气愤了）："现在我来叙述一下公司下一年的工作战略部署和预算，然后你帮我写成发言稿。同时你要安排一下董事会会议以及相关接待工作。"

年终工作报告会议结束，董事长想要吩咐鲁秘书对一些珍贵的和有价值的资料进行整理并归档保存，于是又给鲁秘书打去了电话。

董事长："来我办公室一下。"

鲁秘书一进门依旧是那句："你找我有什么事？"

董事长对鲁秘书的这种生硬且没有礼貌的话语实在是忍无可忍了，于是回了一句："没事，你去忙吧。"

鲁秘书走出董事长办公室的时候，觉得董事长有些莫名其妙。可是令她没有想到的是，在下班的时候，她竟然收到了转岗通知。

其实，鲁秘书的结局是完全可以预料到的。如果她的语气没有那么生硬，或者换一种问法，如"董事长，您找我有什么事吗？"，也许董事长会有完全不一样的情绪反应。

秘书在实际的工作中，最忌讳粗鲁地问对方"你找我有什么事？"，而应该多采用一些敬语，尤其是对领导。

秘书一般应该熟悉哪些敬语呢？此处以称谓为例，具体如表8-8所示。

表 8-8　称谓

分类	详细说明
通用称谓	您等。一般在见到领导的时候，都要称领导"您"
职业称谓	在正式的场合，要习惯用职业称呼对方，因为这样往往代表着对对方职业的敬重
职衔称谓	在职场交际中，也常常会以职衔称呼对方，如董事长、总裁、总经理、主管等
姓名称谓	对特别熟悉及职级相差不大的人，可以直呼其名，这样会更亲切

> **小·提示** 秘书要记住，别再让"你找我有什么事？"这种生硬的话语从自己的嘴里蹦出来了，尽量多用敬语，也许会有意外的收获。

8.4.4　重复要点

秘书在平时的沟通工作中，应该对对方强调的重点内容进行必要的重复，以便对方核实自己传达的信息是否准确无误。

总经理想要就集团新的业务项目举行一次新闻发布会，于是把秘书叫到自己的办公室，开始布置会议的准备工作。

总经理："这次新闻发布会的目的是宣传集团内部改革和集团全新业务项目的内容，会议举行的时间是2021年11月21日上午9点整，地点是长安街××酒店会议室，除了邀请集团内部各位董事、各部门的经理及主管以外，还要邀请同行业的优秀代表、具有广泛影响力的社会人士、媒体朋友等。"

总经理："我念一下人员名单，你记一下，张某某、李某某、陈某某……"

秘书："好的，记下来了，总经理还有其他事情吩咐吗？"

总经理："没有了，去准备并发布通知吧。"

可是到了 11 月 21 日当天，没有一个人来参会，于是总经理叫来秘书核实会议通知落实情况。

总经理："你发布通知了吗？怎么到现在都没有一个人来参会？"

秘书："您不是说 11 月 27 日开会吗？"

原来秘书把"21"听成了"27"。于是总经理命令秘书赶紧去通知大家：会议在 11 月 22 日召开。

到了 11 月 22 日，总经理站在会场外等候贵宾们的到来，可是左等右盼，还是没有人来参会，于是又找秘书来核实，原来秘书错把另一家酒店当作了会议地点。于是，总经理急忙开车去往另一家酒店……

最后，由于秘书的两次失误，会议最终没能召开。

小·提示 其实如果秘书在总经理交代完工作后把会议的地点和时间等重要信息都向总经理重复一遍，可能就不会出现这样的差错了。所以，秘书在接受领导指示时，要重复领导传达的重要信息。

第9章

协调工作：关系分类，不同性质不同对待

协调工作是领导的一项重要工作。秘书作为领导的协助者，自然也要将协调工作作为一项重要工作。

秘书能不能做好协调工作，很大程度上取决于其对各类关系是否有足够的认识，是否能够正确地区分各种关系的不同性质。秘书应该懂得区分各类关系的不同性质，并且能对不同性质的关系采取不同的态度和不同的协调方法。秘书需要把握和协调的几类关系通常包括对上关系、对下关系、上下双方关系及群众关系等。此外，秘书还要进行管理协调。

9.1 对上关系协调

对上关系协调指秘书对其上级以及领导部门进行的协调工作。秘书在着手协调对上关系的时候，通常可以从自查、整改、积极请示、主动汇报4个方面切入。

秘书首先需要了解领导层常见的架构，以便在进行对上关系协调时，有据可依。

第一种是锥形领导架构，特点是权力分配不均，是一种权力集中型的领导架构，如图9-1所示。

第二种是蹄形领导架构，特点是二元化，缺少核心，缺少权威性，如图9-2所示。

第三种是台形领导架构，特点是各

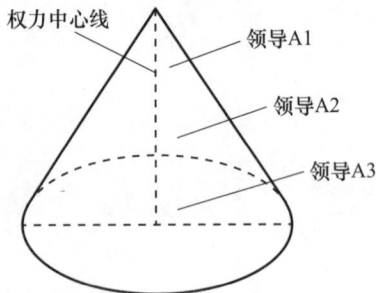

图 9-1　锥形领导架构

领导间配合较默契，内部比较团结，意见容易统一，如图9-3所示。

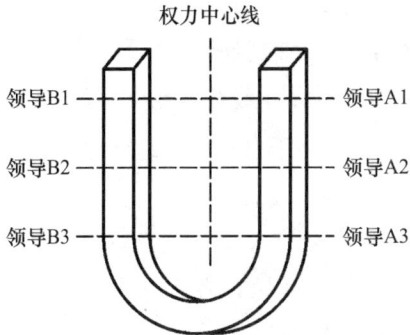

图9-2 蹄形领导架构

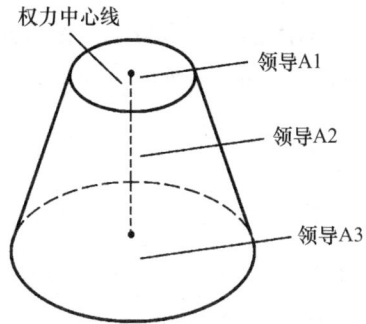

图9-3 台形领导架构

对这3种领导架构有充分的认识后，秘书就更容易执行对上关系协调工作了。

9.1.1 自查

陶秘书刚入职不久，但是她在公司表现出色，很快就受到了领导的器重，于是领导几乎把公司所有的重要活动都交给她来组织。但是陶秘书的出色和领导对她的器重招来了公司内部一些人的妒忌，公司里比她早来一年的袁秘书更是看不惯她，因为袁秘书在过去一年时间里由于工作不出色而从来没有得到领导的重用。

于是，袁秘书散播了关于陶秘书的谣言，说她趾高气扬、轻狂傲慢。久而久之，这些谣言传到了领导的耳朵里。领导却把谣言当成了事实，渐渐地疏远了陶秘书。

陶秘书并没有把怨气写在脸上，也没有逢人便为自己开脱。相反，她一边审视并检讨自己，一边积极主动地亲近同事，包括袁秘书。她对袁秘书不仅没有冷言相向，反而积极主动地帮助袁秘书完成一些艰难的任务，而且没有主动把功劳记在自己的头上。

久而久之，关于陶秘书的那些谣言不攻自破，还有好多人在领导面前夸奖陶秘书，曾经看不惯陶秘书的袁秘书也逐渐认识到了自己的错误，不再制造谣言诬陷她了。

在遭遇陶秘书这样的事情时，有些人可能采取极端的办法，显示自己拙劣的一面。

而陶秘书懂得利用自查的方法来不断进步，从而协调自己与同事和领导之间的关系。她不仅做到了宠辱不惊，更做到了虚怀若谷，她反省并检讨了自己，包容了不利于自己的因素，最终营造了有利于自己的舆论环境。

> **小·提示** 秘书在对上关系协调工作中懂得自查，是一种大智慧。秘书在贯彻上级领导或者部门各项指示、落实上级下达的各项任务的时候，一旦发现不利于自己的言论，不要急着去辩解，而应该先自查。

9.1.2 整改

一般而言，如果秘书所做的工作符合上级的要求，并且上级对其日常工作给予了肯定和赞赏，就很难出现秘书与上级关系不和谐的现象；但是秘书在自查或在上级指示下核查自己的工作的过程中，如果发现自己的工作存在与上级部门、领导的指示和要求不一致的地方，就应该及时地加以整顿和改进，以达到纠正偏差的目的。

北京某公司的总经理非常重视员工的生命财产安全，经常请高校教授来给公司员工进行安全知识普及教育。不仅如此，总经理还经常针对公司各个岗位和工种制订不同的安全制度，同时，还会对公司各岗位员工进行定期的安全教育，组织他们学习相应岗位的安全制度。

每次公司各岗位员工进行安全制度学习的组织工作是由总经理授权秘书来做的。

一天，总经理在工作之余，又开始琢磨公司员工的安全问题。他发现公司缺少针对电器、线路安装及维修人员的安全制度。

于是总经理草拟了针对这些员工的安全制度，并且在董事会上征求整改意见。经过董事会的完善，该项安全制度终于建立健全了。总经理在该项安全制度通过之日起，就开始对秘书口头传达制度精神，并要求秘书尽快将制度整理成文件并分发给相关员工，同时组织他们集体学习该项安全制度。

秘书在接到总经理的指示后，立即把该项安全制度整理成文件，并及时组织了集体学习。

某日下午，该公司的一名员工偶然间发现公司 8 楼的空调机架上倒挂着一名维修人员，立刻通知了相关安全人员，并立刻拨打了"110"报警电话和"120"急救电话。

警方初步确定该员工因触电而休克。经过医院的抢救，该员工最终脱离了危险。总经理经过对该员工的职位进行核查和他所在岗位的同事们的报告进行分析，了解到该员工是负责公司电路维修和电器安装工作的技术人员，并断定该员工是在昨天接到空调报修的通知后，前来修理空调的时候不小心触电的。

但是警方经过调查，表示这名员工严格来说并不算"电工"，因为他并没有电工职业资格证书。

这一点令总经理非常吃惊，也难以接受，因为由他草拟并通过董事会完善的相关安全制度对这方面是有严格规定的。总经理怎么也想不明白这名员工为什么会无证作业。

事后，总经理严格核查了员工安全教育的组织和落实情况，竟然发现秘书整理并发放的安全制度文件有很多遗漏的内容，如电工必须持证上岗。

秘书吸取了这次事故的教训，并意识到了自己工作上的失误，于是对自己的工作做了及时且充分的核查和整改。

秘书把经过整改的安全制度文件提请总经理审批，总经理看后，督促秘书必须要严格执行文件内容。自此以后，公司再也没有发生过类似的事故。

案例中的公司之前之所以会出现如此大的事故，原因之一就是秘书对上关系协调失败。秘书对于根据总经理口头传达的内容整理成的文件并没有提请总经理审批就去执行，结果使工作执行情况远远不符合总经理的要求，这是秘书对上关系协调工作的失误。之后秘书通过对工作的整改，使公司消除了安全隐患，这就是整改的力量。

小·提示 秘书如果发现自己在执行工作的过程中不小心违背了领导的要求，偏离了领导既定的轨迹，不要羞于认错，应及时对自己的工作进行恰当的整改。

9.1.3 积极请示

人非圣贤，领导在部署工作的时候难免会有考虑不周的时候。遇到这种情况，秘书不应该擅自决策，而应该及时且积极地向领导请示，请领导对相关问题加以裁夺，以便使工作得到更好的执行。

北京一家纺织品公司为了让业务员及时跟踪、关注市场的变化，并帮助同步更新市场变化情况，特地给每一个业务员配备了笔记本电脑，使业务员及时掌握关于市场价格和供求关系的第一手资料。

总经理秘书楚秘书发现了一些异常的现象。自从公司为业务员配备了笔记本电脑之后，业务员每天的工作时间至少浪费了两小时——因为信息太多，业务员每天至少要在搜索信息的事情上花费两小时，而且多数情况下他们的这种信息检索工作存在很大程度的重复；另外，有不少业务员在搜索信息的时间段内玩网游或者聊天。这样一来，久而久之，公司浪费的时间成本将是不可估量的。

楚秘书在发现了问题之后，即刻向总经理做了汇报，并请示总经理针对这一现象采取的措施。出于对楚秘书的信任，总经理便责成她全权处理这件事情，并采取必要的协调措施来解决公司的信息开发难题。楚秘书经过和相关部门协商，根据各部门的建议草拟了如下解决问题的方案。

①信息机构应该优化，信息部门的人员应该精简。

②建立健全行之有效的信息监管机制，实现线上监督。

③针对员工的信息开发薄弱环节进行相关培训，从而提高员工的信息开发水平。

楚秘书将草拟的解决方案及时呈报总经理并请示修改和审批意见，结果总经理对楚秘书的方案非常满意，并且在公司内部各部门大力推行这个方案，最终解决了公司长期存在的信息开发难题。

从整个案例来看，公司业务员存在的问题以及公司在信息开发方面存在的问题，似乎都是楚秘书经过协调而解决的，而总经理似乎没有发挥什么作用。难道楚秘书不向总经理请示，而是自行和各部门协商就解决不了问题吗？这当然也未必。但是，楚秘书必须向总经理请示，这是秘书进行对上关系协调工作时最基本的原则和方法，秘书擅自行动就是越权。

一般情况下，秘书向领导请示的时候，应该秉持表 9-1 所示的两个原则。

表 9-1　向领导请示的原则

原则	详细说明
维护领导的威严和形象	秘书在向领导请示的时候，必须要顾及领导的威严和形象，即使在这个过程中，秘书被领导误解，也应该泰然自若，不应该拆领导的台。当领导出现疏漏的时候，秘书应该积极想出补救措施，并且在执行补救措施之前，要向领导请示，这时候，还要注意保护领导的自尊心。每个人都有保护自尊心的需要，领导也是一样的，所以秘书在向领导请示意见或者向领导提出建议的时候，要注意场合和把握分寸
维护领导层内部的团结	领导层内部的团结对于一个企业的稳定和有效运转具有重要的作用，所以秘书维护领导层内部的团结是责无旁贷的。秘书作为领导工作的辅助人员，自然会经常活跃于各领导之间，所以在向领导请示的时候，应该具有大局意识，不要发表不利于领导层内部团结的言论。另外，当发觉领导们对自己的请示存在分歧时，秘书应该寻求恰当的时机和手段，及时化解领导之间的矛盾

当然，秘书也要根据领导的职责进行请示，不越级请示；但是如果请示的问题涉及全局，就要向主要的领导请示并等待裁夺，另外，也要及时通报给其他领导。

💡 **小·提示** 秘书要意识到请示在对上关系协调中的重要性，遇到问题及时请示，千万不能自行决策，否则很有可能受到处罚。

9.1.4 主动汇报

主动汇报也是秘书进行对上关系协调工作时的常用方法之一。主动汇报是指秘书把自己的工作安排和工作进展情况以及在工作的执行过程中遇到的问题等积极地向领导汇报。这不仅显示了秘书对领导的充分尊重，更体现了秘书愿意接受领导对自己工作的监督，以便领导做出正确的判断和决策。

文秘专业出身的姜丽丽大学毕业之后，应聘成为北京一家食品集团的总裁秘书。初入职场的她下定决心要兢兢业业，服从领导的安排，以出色的工作成绩打造一片属于自己的天地。

姜丽丽与秘书处其他新入职的秘书一样，要参加集团的新人培训。在培训中，姜丽丽更清晰地了解到集团的主营业务和运营模式，这家食品集团不仅经营的产品种类繁多，而且拥有自己的物流系统和储运设备，业务范围早已覆盖全国各地。

另外，姜丽丽还了解到集团对秘书工作的相关要求，其中有一项是定期汇报工作。姜丽丽对这项要求很反感。

因为从小学到高中，她几乎都是班级里的学习委员，而班级里也有每星期都要向班主任报告班级学习情况的制度。每次她向班主任报告班级学习情况的时候，总是习惯报喜不报忧，或者总是报不全面，故而每次班级考试成绩很差的时候，班主任就会以汇报情况不属实为由批评姜丽丽。

就连上了大学，担任学院文艺部副部长的姜丽丽，也要在各种活动开幕前夕，向文艺部部长汇报节目的彩排进度、节目的优劣程度以及各个演员的精神状态等。而且若活动结束后观众们反映文艺部节目质量很差，姜丽丽就要首先受到文艺部部长的批评。

学生时期的经历给姜丽丽留下了"阴影"，她认为只要向领导汇报工作，肯定会遭受领导的批评，所以姜丽丽对汇报工作这件事抱有很深的抵触情绪。

新人培训结束后，她正式开始工作。因为姜丽丽是总裁的秘书，所以权力相对于其他经理的秘书更大，但是负责的业务范围也比其他秘书的要广，肩上的责任也要比他们重。

她不仅要负责集团各类大小会议的筹划与安排、撰写总裁发言稿和工作报告等各种文稿、整理总裁部署来年发展战略所需要的各种材料、来宾接待、文件归档等工作，还要了解货物进出数据、财务收支数据、物流数据等。

姜丽丽在工作伊始，凭着自己强大的冲劲，利索地完成了领导交代的工作，而且一度受到了总裁的赞赏和器重。到了汇报工作的日子，姜丽丽心里还是有抵触情绪，而且觉得自己最近的工作都做得很出色，还受到了总裁的赞赏，认为不汇报应该也没关系。于是，她便没有去汇报工作，而总裁也没有追究这件事。

就这样，姜丽丽越来越得意，久而久之，她竟然完全忽略了定期做工作汇报这件事，而且养成了在执行工作的过程中遇到问题也不汇报而是自行解决的习惯。

有一次，在集团向上海运送奶粉和向青海运送水产品的时候，姜丽丽获悉奶粉竟然过期了，而且原本采用的通往青海的物流线路上发生了地质灾害，一段时间内都不能通车。针对这样的情况，姜丽丽没有向总裁及时汇报，而是自作主张，将运往上海的奶粉按原计划发货，将运往青海的水产品改变线路继续运送，争取按时到达。

相关人员按照姜丽丽的吩咐发出了这两批货物。事情过去两个月以后，姜丽丽在新闻上看到上海发生了特大婴儿奶粉中毒事件，青海也发生了特大海鲜中毒事件，猛然间想起了两个月前发出的那两批货物。

姜丽丽想要把这件事告知总裁，希望能帮助集团尽快解决问题，但是她一直对汇报工作有抵触情绪，又怕被总裁辞退，所以，她一直未汇报。

等到姜丽丽终于鼓起勇气向总裁汇报的时候，总裁已经收到了来自上海和青海两地的法院的传唤书。原来两地受害的消费者和接货的商家已经把集团告上了法庭。

姜丽丽看着拿着法院传唤书的总裁非常后悔，然而已经于事无补了。总裁把姜丽丽辞退之后，便开始处理诉讼问题，集团也陷入了前所未有的危机。

看到这里，肯定会有人唏嘘，如果姜丽丽及时把工作中的问题汇报给总裁，就不会出现这样的结局了。现在想想，集团的定期汇报工作制度是多么必要。

其实对秘书而言，定期汇报工作本来就是自己的一项责任，抱有侥幸心理和抵触情绪都是不对的。时刻抱有大局观念才是一个秘书应有的职业素质。

💡 **小·提示** 秘书若真的对当面汇报工作有抵触情绪，可以养成写工作日志的习惯，定期向领导提交，然后由领导在上面写批语。想必这种"老师批阅作文"式的工作汇报，效果也是一样好的。

9.2 对下关系协调

对下关系协调指秘书协助领导，使下级各部门和人员在工作上相互支持，和谐配合，以顺利达到既定的工作目标。

对下关系协调可以分为以下 5 个步骤，如图 9-4 所示。

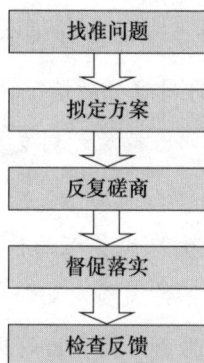

```
找准问题
  ↓
拟定方案
  ↓
反复磋商
  ↓
督促落实
  ↓
检查反馈
```

图 9-4　对下关系协调步骤

在明确了对下关系协调步骤后，秘书更容易执行对下关系协调工作。秘书可以采取的方法通常包括调查研究、及时反馈和评估总结。当然，秘书在对下关系协调的过程中也可以综合运用这几种方法。

9.2.1　调查研究

秘书在做对下关系协调工作的时候，要做好对下级部门的调查工作，全面了解下级部门的实际情况，并对调查信息加以研究。

北京某制造公司的总经理对公司产品质量问题非常重视。因为产品质量问题, 总经理有一次在公司例会上严厉批评了质检部、生产部、设备检修部等相关部门的主管。面对总经理的批评, 这些部门的员工牢骚满腹, 积极性严重受挫, 也一直没有解决产品质量问题。

何秘书为了协调总经理和各部门的关系, 找到问题的症结所在, 便对被批评的几个部门展开了调查。

何秘书本着全面客观的原则对涉及的各个部门进行了调查, 并认真听取了各部门主管的意见。

在调查过程中, 质检部向何秘书反映, 销售部想要增加销量, 提高公司经济效益, 所以就要求放宽质检标准。

销售部向何秘书反映, 虽然我们要求质检部放宽质检标准, 但是并没有要求质检部放弃质量底线, 所以问题应该归咎于生产部没有及时维持生产质量, 达不到质检部的质量测定要求。

生产部却向何秘书反映, 产品质量问题应该是生产设备存在的毛病导致的, 应该追究设备检修部检修不及时的责任。

而设备检修部向何秘书反映, 检修人员太少, 根本顾不过来这么多设备, 所以检修人员的工作积极性不高。

何秘书经过一周的调查研究, 获得了大量的真实信息, 并将第一手信息整理成调查报告交给了总经理。在向总经理提交报告的同时, 何秘书还向总经理提出了表9-2所示的两条建议。

表9-2 处理建议

名称	详细内容
处理建议	①增加设备检修部的检修人员数量, 改革检修人员工资制度, 使其工资与个人的检修设备数量和效果挂钩。 ②加强对质检和生产过程的监督, 并且明确落实相关责任人

总经理高度重视何秘书的建议, 并在相关部门落实了相关政策。产品质量问题最终得以解决。

通过案例来总结一下, 秘书到底应该怎样进行调查研究才能更好地实现对下关系协调呢？具体如表9-3所示。

表9-3 对下关系协调的调查研究

名称	详细说明
对下关系协调的调查研究	① 调查的时候切忌仅凭主观判断，要实事求是，尽量掌握当事人的更多信息，研究也要从当事人提供的信息出发。 ② 调查的时候要全面，尽可能多方求证。 ③ 调查的时候要深究问题产生的根本原因，不能只看到表面的现象。例如，案例中产品质量问题产生的根本原因，是检修人员工资制度不合理导致的设备检修不及时。 ④ 调查的时候，应该善于提炼重点信息。 ⑤ 调查的时候要尽量走到人群中去，这样才能获得更真实、更直接的信息

因为导致问题的原因错综复杂，涉及的范围也很广，所以秘书必须采取恰当的办法进行调查研究。

9.2.2 及时反馈

如果下级部门在执行领导布置的任务的过程中，出现不符合要求的情况，秘书应该及时向领导反馈，以免公司遭受不必要的损失。

为了获得更丰厚的利润，北京一家食品公司的总经理在例会上提出了"节约成本、提高效率"的八字方针。在总经理下达方针政策后的两个月里，公司的生产效率真的提高了不少。秘书看了最新的生产报表，自己都被惊到了。

秘书出于好奇，到生产车间调查了一番，竟然发现产量"虚高"。原来和之前对比，生产工人省略了很多生产工序，这也导致每件包装好的成品不足量。

秘书："你们这样生产，不是违背了公司的标准化生产要求吗？生产工序和产品分量都是有标准的。"

生产工人："像这样包装好的食品，很少有人会注意分量的。"

秘书知道这种生产模式会严重影响公司的声誉，在向总经理反馈之前，先找相关部门了解了情况。

质检部："由于质检经费不足，生产部又要求放宽质检标准，所以我们的工作也很难做。"

生产部："总经理说要'节约成本、提高效率'，我们生产部因此受到多方面的限制。首先是财务部，他们不肯下拨更多的采购款，这使得原料不足；其次是设备部，他们不及时检修设备，而且也不更新设备，这使我们的技术水平根本没有办法提高；最后是销售部，他们为了提高业绩，一味要求我们多生产。"

财务部："领导要求节约，所以我们必须减少开支。"

设备部："财务部不给拨款，所以设备检修和更新费用严重不足。"

秘书抓紧时间了解了各部门的基本情况，觉得出现这一问题的根本原因并不在于总经理的方针，而在于相关部门的理解和贯彻——他们认为要达到总经理的要求，就要把实实在在的钱省下，把产量提高。于是秘书把自己掌握的全部情况及时反馈给了总经理，并向总经理提出了表9-4所示的建议。

表9-4 处理建议

建议	详细说明
建立常态基金机制	最新技术培训基金、设备检修与更新基金、质检基金
建立定期验收机制	生产质量验收、质检质量验收、设备完好率验收

总经理对秘书的及时反馈特别满意，采纳了秘书的建议之后，使公司真正实现了"节约成本、提高效率"。

下面来分析一下秘书的反馈方法，如表9-5所示。

表9-5 反馈方法

名称	详细说明
反馈方法	①反馈要及时但不能过急和盲目，要在掌握全面的信息后进行。 ②要以客观的态度反馈真实的信息，不能主观捏造。 ③对掌握的信息深入加工，挖掘问题产生的深层原因，从而提出解决方案，一并反馈给领导

如果发现存在有损公司利益的问题，秘书应该及时向领导反馈。

9.2.3 评估总结

秘书在帮助领导做评估总结的时候，一方面要帮助下级部门或下级单位做好自我检查和工作总结，另一方面要帮助领导根据下级部门或下级单位的工作制订明确的考核标准和评估办法。

北京一家公司的总部每年年底都会对各个分公司一年的工作进行考核和评估，并且根据评估结果制订下一年的工作计划。各个分公司则必须在公司总部的考核评估之前做好自我检查和工作总结。

年底，章秘书照章行事，到北京一家分公司（总部最新决定重点扶持的一家分公司）传达公司总部关于做好年底自我检查和工作总结的要求。分公司常经理在热情接待章秘书的时候，简要回顾了一年来的工作，并反映了分公司的一些问题。然而章秘书并没有把常经理反映的问题放在心上，也不愿意在这些问题上费时费心，自然也没有对分公司的自我检查和工作总结提供有价值的建议。

因为章秘书什么也没说，所以常经理并不能及时了解到总部对自己这家分公司的态度。于是常经理在分公司自我检查和工作总结报告中写了一些报喜不报忧的话。

公司总部总经理看到常经理全是喜报的自我检查和工作总结，非常高兴，并且根据该分公司的报告情况制订了针对全公司的考核标准和评估办法。总经理在对全公司进行考核和评估之后，大幅度增加了各分公司的生产任务，尤其是北京这家分公司。

可是该公司在第二年的海外贸易中，在规定时间内供给贸易伙伴的产品远远达不到合同上规定的数量。该公司一度被迫中断与多个贸易伙伴的生意往来。就在总经理决定要全面缩小贸易范围的时候，公司的另一位秘书——刘秘书阻止了他。

刘秘书对多家分公司进行调查，并且要求和辅助他们重新做自我检查和工作总结。结果刘秘书了解到各个分公司之所以会严重减产，一方面是因为生产设备过于陈旧，另一方面是因为员工积极性不高，流动性特别大。之后，刘秘书把这些情况汇报给了总经理，并协助总经理做出了新的考核标准和评估办法，如表9-6所示。

表 9-6　新的考核标准和评估办法

名称	详细说明
新的考核标准和评估办法	① 各分公司更新生产设备，并且负责对设备的生产效率和性能进行定期考核和评估，及时检修。 ② 改革各分公司一线员工的工资制度，制订每月最低生产标准，超过最低生产标准部分按件计费，计费标准是标准内每件的两倍。 ③ 制订升职标准，定期对一线员工进行工作考核评估，对满足标准的一线员工予以升职，并优化福利制度

经过刘秘书帮助分公司做工作总结，对公司总部的考核标准和评估办法加以改进，公司的产量和业务很快得到了提升和恢复。

通过案例来总结一下，秘书在帮助下级单位或下级部门做好工作总结的时候，可以参考表 9-7 所示的几点建议。

表 9-7　做好工作总结的建议

名称	详细说明
做好工作总结的建议	① 耐心全面地了解下级单位或下级部门的工作情况，尽量把重心放在存在的问题上。 ② 及时对问题进行深度思考和分析，挖掘深层原因。 ③ 监督下级单位或下级部门进行自我检查和工作总结，避免报喜不报忧。 ④ 帮助领导制订针对性强的考核标准和评估办法

小·提示 秘书在帮助下级单位或下级部门总结工作的时候，要有极强的客观性；在帮助领导考核和评估下级单位或下级部门工作的时候，要有极强的针对性。

9.3　上下双方关系协调

上下双方关系协调是指一个部门或一个单位内部的上下级关系的协调。秘书处于这项协调工作的中间环节，其责任就是发挥协调作用，理顺上下级之间的关系。秘书可以从找准问题、拟订方案和实施协调 3 个方面切入。

9.3.1 找准问题

找准问题即秘书在调查、考核下级工作的时候要善于发现不合要求的环节，并且要确定问题所在。

北京一家公司的总经理召集公司生产部、技术部、设备部、财务部的经理召开了"增创经济效益"会议。会议上，总经理只强调了经济效益对于一个企业生存和发展的重要性，列举了一系列增创经济效益的成功案例，并要求各部门通力协作，增创经济效益，却没有给出明确的操作方案。

面对总经理没有给出具体操作方案的要求，生产部、技术部、设备部、财务部形成了3个派别，各执一词。

生产部是"改革派"，主张改革生产部员工的薪资制度，实现多劳多得，从而通过提高员工积极性来增创经济效益；技术部和设备部是"科技派"，主张通过提高生产技术水平来增创经济效益，技术部具体主张加强先进生产技术的引进与员工培训，设备部具体主张积极购进先进生产设备；财务部是"节约派"，主张通过节流来增创经济效益。

生产部、技术部、设备部与财务部的意见存在冲突。因为财务部极力主张节流，所以生产部员工的薪资制度改革、技术部先进生产技术的引进与员工培训、设备部先进生产设备的购进都因为资金不充足而不能有效展开，故而整个公司的经济效益也没有办法得到提升。

两个月之后，总经理觉得公司的经济效益并没有得到提升，再次召集4个部门的经理，召开了一次会议。在会上，总经理批评了4位经理，说他们合作不力。4位经理都觉得自己是在尽心尽力地为公司着想，却反而遭到领导的批评，心里很是委屈。最终总经理也没有找准经济效益没有得到提升的问题所在。

中午临近下班的时候，总经理又跟秘书唠叨了半天，说到这4个部门的时候，十分生气。但是，秘书始终没有听到总经理提到为什么会这样。

于是秘书想替总经理找准问题，同时发挥纽带作用，消除总经理与4位经理之间的矛盾，协调好他们之间的关系。经过秘书对4个部门工作的调查以及向4位经理核实，增创经济效益的瓶颈问题最终被确定了下来：浅层面是 4 位经理意见不一，根本问题是资金不足。

分析上面案例中秘书的做法，不难得出找准问题的一些方法，如表9-8所示。

表9-8　找准问题的方法

名称	详细内容
找准问题的方法	① 要耐心地听领导说完，明确领导的要求。 ② 要主动咨询下级部门负责人。 ③ 要对下级部门的工作进行全面的调查。 ④ 要严谨分析横向部门间以及上下级之间的分歧所在。 ⑤ 要客观思考为什么下级部门偏离领导的要求

小·提示 找准问题，需要秘书有足够的智慧和良好的职业素养。找准问题能够使上下双方关系协调工作取得良好的效果。

9.3.2　拟订方案

秘书在发挥纽带作用协调上下双方关系的时候，不仅要找准问题，而且要针对问题拟订切实可行的解决方案。

9.3.1 节的案例中，秘书针对部门经理意见不一以及资金不足的问题，特意拟订了一个解决方案，如表9-9所示。

表9-9　解决方案

名称	详细内容
解决方案	① 改革生产部员工的薪资制度，实现按劳分配，多劳多得。 ② 给生产部员工制订统一的最低生产标准，超出最低生产标准的部分另计薪酬，并给予物质奖励，促进竞争生产制度的形成。 ③ 财务部设立专项资金支持生产，提高生产部员工的薪酬和奖励。 ④ 财务部设立专项资金支持技术部定期引进先进生产技术并进行员工培训。 ⑤ 财务部设立专项资金支持设备部定期购进先进生产设备。 ⑥ 建立意见分歧申报制度，规定无论横向部门之间还是上下级之间，一旦出现意见分歧，必须及时呈报总经理进行裁夺及批复

秘书把自己拟订的解决方案提交给总经理，得到了总经理的赞扬与支持。总经理再次召集4个部门的经理，深入讨论这一方案，结果得到4个部门经理的一致同意。所以总经理表示，即日起实施这一方案。

分析一下，为什么秘书拟订的解决方案得到了总经理的赞扬和支持，也得到了4个部门经理的同意呢？

其实原因很明显，就是秘书拟订的解决方案针对性特别强，这是以找准问题为前提的。那么，秘书怎样做才能拟订针对性特别强的方案呢？一般需把握以下3条原则：1.要有大局观，把握问题所指的总方向；2.要有细节意识，各个击破问题；3.要追求全面。

小·提示： 秘书可以把上述原则融入拟订方案的过程，但是要注意具体问题具体分析。

9.3.3　实施协调

拟订的方案通过后，秘书要尽快实施该方案，以便及时解决问题。但是秘书在实施方案的过程中，常常会遇到新情况、新问题。面对这些新情况、新问题，秘书应及时向领导汇报，寻求领导的支持。

秘书在协助技术部引进先进生产技术并对员工进行培训时发现，和自己公司进行技术贸易的单位都是海外公司，对方也是派出公司内部的技术讲师给自己公司的员工授课。所以问题就来了，秘书发现技术部从经理到普通员工的英语听说能力都很欠缺，要听懂技术讲师的授课内容（以英语表述）确实很难。

秘书在协助设备部购买先进生产设备时也发现与自己公司进行生产设备贸易的单位以海外公司居多。对方在介绍设备参数和功能的时候，自然也是使用英语，就连设备的说明书上也都是英文。和技术部一样，设备部从经理到普通员工的英语听说能力也很欠缺，既听不懂英语解说，也看不懂设备说明书。

秘书及时把这一实际问题汇报给了总经理，并建议总经理给技术部聘请一位懂英语的技术讲师，给设备部聘请一位懂英语的业务顾问。

总经理对秘书汇报的问题高度重视，要求人事部立即通过各个招聘渠道发布招聘信息，从而及时招到了符合要求的人员。秘书的汇报解决了技术部在引进先进生产技术和员工培训中遇到的新问题，也解决了设备部在购进先进生产设备中遇到的新问题。

其实，实施协调和找准问题、拟订方案同样重要。如果实施协调的过程不顺利，达不到协调的效果，那么找准问题和拟订方案也是徒劳。

小·提示 秘书在实施协调的时候，不能掉以轻心。哪怕是细如尘埃的障碍，秘书也要及时向领导汇报，并提出合理的建议，争取得到领导的认同与支持。

9.4 群众关系协调

群众关系协调也是协调工作中的重要一环。秘书要全力协调单位与群众的关系。

9.4.1 发现不和谐因素，及时汇报

秘书在做单位与群众关系的协调工作时，要积极深入群众，认真调查研究。如果发现不和谐的因素，秘书就要及时向领导汇报，并且努力协调好各方的关系，让问题尽快得到解决。

北京一家公共工程建设公司在一项公共设施的建设规划中，圈占了一块田地。为了使该项目尽快动工，项目负责人直接和该农户进行沟通，并且做该农户的思想工作，但是该农户并没有同意自己的田地被圈占。

而项目负责人也不敢耽误工期，希望能够按照计划如期竣工。于是在没有妥善安抚农户的情况下，项目负责人就吩咐工人们破土开工。该农户见自己的田地没有经过允许就被圈占，情急之下，集结了很多乡亲来阻止施工。

公司秘书在给项目负责人送图纸的时候，发现工程队正在与乡亲们闹纠纷。于是，秘书便向项目负责人和该农户分别了解了情况，并及时把情况反馈给了公司总经理，同时向总经理提出了表9-10所示的几点建议。

表 9-10　给总经理的建议

名称	详细内容
给总经理的建议	① 给该农户提供一笔补偿金。 ② 继续做该农户的思想工作，让其明白这项工程对乡亲们有多重要。 ③ 在当地宣传工程的意义

　　总经理采纳了秘书的建议，并下乡去安抚该农户，给该农户做思想工作，把补偿金交到该农户的手里。

　　另外，公司还在当地发布宣传工程意义的墙体广告，并组织文艺演出做同步宣传等，终于做通了乡亲们的思想工作，使工程顺利开工。

　　结合案例分析一下，秘书是怎样协调单位与群众的关系的呢？具体方法如表 9-11 所示。

表 9-11　协调关系的方法

名称	详细内容
协调关系的方法	① 发现群众中存在不和谐的因素，及时向群众和项目负责人了解情况。 ② 把掌握的第一手信息及时汇报给领导。 ③ 想群众之所想，秉持有利于双方的原则向领导提出切实可行的建议

9.4.2　草拟或复核方案，避免冲突扩大

　　秘书在草拟解决方案的时候，应该全面考虑，避免出现漏洞。秘书如果不直接草拟方案，也要及时监督方案草拟工作，对方案进行复核，一旦发现方案有漏洞，要及时进行纠正与调整，避免冲突扩大。

　　北京一家蔬菜贸易有限公司最近召开了一次部门联合会议。会议上总经理郑重提出了不要向菜农打欠条的要求。会后，市场总监和财务总监以落实总经理的指示为内容向公司各地区的市场部各发出了一个文件。

　　财务总监的文件里根据总经理在会议上的指示，标明了不要向菜农打欠条的要求的具体起效时间（会议当月之后那个月的1号）；而市场总监的文件则指出，自各地市场部收到文件后的第1个工作日起，各地市场部应开始落实总经理提出的"不要向菜农打欠条"的要求。结果A地市场部和B地市

场部的负责人分别执行了市场总监的文件和财务总监的文件。这样带来的问题是, 在 A 地市场部停止向 A 地菜农打欠条时, B 地市场部依然还在向 B 地菜农打欠条。一位 B 地的菜农在和 A 地的菜农进行日常沟通时发现了这一问题, 便向总经理办公室打了电话, 询问为何 B 地市场部不同于 A 地市场部, 还在向当地菜农打欠条。

总经理也很奇怪, 觉得自己的要求传达得足够清晰, 于是就请秘书去调查一下情况。

秘书第一时间联系了各地市场部负责人, 发现他们的口径出奇统一, 都说市场总监发出的文件与财务总监发出的不一样。所以秘书又及时向两位总监了解了情况, 并分别向他们索要了文件加以对比。经过对比, 秘书发现两个文件果然不是完全一致, 并很快就找到了其中存在分歧的内容。秘书把相关信息汇报给总经理, 按照总经理的决策, 很快就明确了相关内容。

如果秘书在两位总监发文之前对他们各自的文件进行复核, 各地市场部负责人也就不会出现不能准确地、统一地执行总经理的要求的情况; 如果秘书不去各方取证, 深入调查, 那这件事情也就不会很快得到解决。秘书在草拟或复核方案的时候, 要如何避免冲突扩大呢? 具体方法如表 9-12 所示。

表 9-12 避免冲突扩大的方法

名称	详细内容
避免冲突扩大的方法	① 认真聆听领导的要求, 并清晰地表述在方案中。 ② 对方案进行全面的复核, 杜绝前后矛盾、态度模棱两可的现象。 ③ 秘书不直接草拟方案的时候, 要监督其他部门的方案草拟工作, 并且要复核其他部门草拟的方案。尤其是多部门同时草拟并发文的情况, 秘书必须进行复核以避免各部门口径不一。 ④ 在方案已经发出并造成员工手足无措、引起冲突的时候, 秘书要及时向各方了解情况、深入调查、找出分歧、汇报给领导, 以便消除冲突

其实要避免方案带来冲突或避免冲突扩大, 当务之急是要找出问题的根源, 寻求解决方法。这就如同治理河道污染, 要从上游、源头下手, 这样下游污染问题才能得以根除。

9.5 管理协调

管理协调也是秘书协调工作中的重要一环。秘书在做管理协调的时候，可以从目标计划的协调、执行措施的协调、工作安排的协调、督促检查的协调、运转节奏的协调5个方面着手。

9.5.1 目标计划的协调

目标是协调的方向，计划是协调的内容。一个组织内部各部门应该目标一致，计划相互协调，否则组织的目标计划就不能圆满完成。这时候秘书就要发挥自己的作用，协调各部门的目标计划，使各部门树立整体意识、形成合力。

北京一家实业公司规模颇大，同时经营了一所民办学校。这天突降暴雨，公司的食堂严重受损。很多员工都担心频繁降雨会冲塌公司的食堂，纷纷向总经理提出维修食堂的请求。

就在同一个月，公司经营的学校提出了兴建一座图书馆和一座体育馆的请求，并坚称曾经有公司领导口头允诺。为响应"全民阅读、全民健身"的号召，学校希望公司能够尽快修建图书馆和体育馆。

总经理面对公司员工和学校主管给予的双重压力，左右为难，因为公司根本没有精力在两地同时开工。

秘书把总经理的焦虑全都看在眼里，便主动承担了中间协调的任务。

秘书经过对食堂现场的勘察以及与公司员工、学校主管的洽谈，明显地意识到食堂维修的紧急程度远远要大于学校图书馆和体育馆兴建的紧急程度。

于是秘书把自己掌握的信息及时汇报给总经理，同时提出了自己的建议，如表9-13所示。

表9-13 秘书的建议

名称	详细内容
秘书的建议	①请学校主管来公司的食堂亲自了解实际情况。 ②为学校主管和部分员工代表举办一次简单的座谈会，让学校主管了解公司员工的心声。

（续表）

名称	详细内容
秘书的建议	③ 深入做学校主管的思想工作，让学校主管明确：食堂不修就会危及公司绝大部分员工的安全，而图书馆和体育馆晚建一段时间也不会妨碍学校的正常运作。让其明确两者的紧急程度。 ④ 表示公司与学校的工作计划存在冲突，协助学校调整工作计划。 ⑤ 向学校做出承诺，事后给学校配备更好的施工队

总经理觉得秘书的建议非常可行，便令秘书即刻实施。经过秘书的协调，学校主管终于做出了让步，调整了工作计划。

纵观秘书从协调到解决问题的全过程，她仿佛不费吹灰之力就平衡了公司与学校的利益关系。那么，下面就来总结一下秘书的协调方法，如表9-14所示。

表9-14　协调的方法

名称	详细内容
协调的方法	① 具体而深入地实地调查。 ② 全面而仔细地进行分析。对获得的信息进行对比分析。 ③ 谨慎地得出结论。分清事件的轻重缓急，做出先着手做哪方面工作的决定。 ④ 及时汇报。把情况和结论及时地向领导汇报。 ⑤ 积极建议。向领导提出中肯的建议。 ⑥ 执行方案。得到领导的肯定和允许后，执行方案

其实，只要组织内部的目标和计划都处于协调的状态，各部门的目标和计划就都更容易实现。

所以，秘书要及时协调各部门的目标和计划。

9.5.2　执行措施的协调

企业领导做出决策之后，各部门在执行的过程中能不能协调共处，会直接影响领导决策的执行效果，甚至会影响既定目标能否顺利实现。

北京一家广告公司最近接到了一个服装广告项目。总经理把整个广告策

171

划方案分解成若干部分，分别交由不同的部门去执行。

可是，这家公司的各个部门每次执行领导分配的任务时，都不能保持步调一致、协调统一。而且有不少部门在每次的方案执行过程中，都会忽略总经理对方案的具体要求，导致全公司各部门的工作出现失调现象。

面对各部门漏洞百出的工作，总经理颇为烦恼。新来的秘书在给总经理送资料的时候，发现总经理十分烦恼，就随口问了一句。总经理这才把公司各部门一直存在的弊端以及这次执行工作的状况告诉了秘书。秘书听后，主动向总经理请命，要求去协调各部门的工作。

秘书利用两天时间，对公司各部门的工作展开了深入的调查，并和各部门的负责人进行了深入的沟通。秘书最终向总经理提出了如下建议，如表9-15所示。

表9-15　秘书的建议

名称	详细内容
秘书的建议	① 建立执行反馈机制，全面收集公司各部门的工作执行信息，实时掌握整个公司的运转状态，及时发现部门间的工作失调问题。 ② 建立督促检查机制，时刻保证公司各部门按照既定要求执行相关工作。 ③ 建立预案应急机制，预测执行工作时可能出现的问题，并且针对预测的问题制订解决方案；对于执行工作时出现的没有预测到的问题，由专门的应急小组及时筹划方案并进行解决。 ④ 建立信息沟通机制，促使各部门在执行工作时积极交换信息，及时了解公司的整体运转情况。 ⑤ 建立执行工作要求考核机制，促使各部门协调自身的执行活动

新来的这位秘书因为这份建议受到了领导的器重。总经理吩咐秘书即日起在全公司实施这一协调方案。果然，各部门一直存在的弊端终于被解决了。

能够解决公司各部门一直以来的"顽疾"，想必秘书的协调方法很有借鉴意义。一般的协调的方法具体如表9-16所示。

表 9-16　协调的方法

名称	详细内容
协调的方法	① 进行全面深入的调查研究，掌握真实的信息。 ② 认真分析信息，洞察各部门执行工作时存在的问题。 ③ 及时向领导汇报，提出针对性强的建议。 ④ 定期收集各部门的反馈信息，掌握工作执行情况。 ⑤ 定期检查各部门的工作执行有没有偏离要求。 ⑥ 预测问题并提出解决方案，协调各部门以应对突发问题。 ⑦ 促使各部门进行及时的交流

小·提示 秘书使用的这些协调方法都在建议中有所体现。毫无疑问，执行措施的协调是管理协调的重要一环，所以秘书要时刻注意公司各部门执行措施的情况，对出现的问题进行及时协调。

9.5.3　工作安排的协调

工作安排，类似于各部门的工作计划。若组织内部各部门的工作安排存在冲突，就必须得到妥善的协调。协调工作安排是秘书的职责。

9.5.1 节中的案例已经包含了秘书对工作安排进行协调的内容。一开始公司与其所经营的学校把修缮食堂和修建图书馆、体育馆的工作都安排在了同一个月内，所以造成了双方工作安排相互冲突的局面。经过秘书积极地协调，学校对工作安排做出调整，双方的冲突也得到解决。

秘书协调工作安排的方法和协调目标计划的方法类似，如表 9-17 所示。

表 9-17　协调方法

名称	详细内容
协调方法	① 深入调查实际情况。 ② 分析获得的信息，并根据信息得出结论。 ③ 向领导汇报情况，并提出建议。 ④ 使组织内部相关部门的主管了解真实信息。

（续表）

名称	详细内容
协调方法	⑤让组织内部相关部门的主管根据信息自主判断事件的轻重缓急。 ⑥让组织内部相关部门的主管主动让步，协助其调整工作安排

同样，组织内部各部门的工作安排如果处于协调的状态，则各部门更能够顺利地完成工作。所以，秘书要及时地协调工作安排。

9.5.4　督促检查的协调

秘书要把对公司各部门工作的督促检查常态化，针对在督促检查的过程中发现的妨碍领导决策执行和公司工作进展的矛盾与问题，应该及时组织各部门进行协商解决，使各部门顺利完成工作。

北京某大型农贸公司为了节约农贸产品进购成本和运输成本，特意借鉴了"桑基鱼塘"的模式，开发了一个大型的农牧产品生产方案。

方案首先涉及养殖业，考虑到市场需求，公司决定养殖鸡、鸭、猪、牛，以及鱼、虾等；然后涉及种植业，公司主要种植蔬菜、水果，以及产油、产糖作物。公司用鸡、鸭、猪、牛等家禽家畜的排泄物来喂养深塘里的鱼虾，同时用鱼虾的排泄物和塘泥来肥沃土壤，用来种植经济作物和培育养牛需要的草坪。

总经理把方案交由财务部、采购部、人事部执行。等到整个产业链输出第一批产品时，总经理发现效果并没有想象的那么好，于是就想放弃这个辛辛苦苦筹划开发的项目。

秘书了解到总经理的心思之后，不仅对总经理进行劝解，而且主动承担项目工作的督促检查任务。

秘书到作业现场调查了一番，并且和作业人员进行了沟通，回来后又与财务部、采购部、人事部的经理进行沟通，找到了问题所在。

原来由于财务部只顾着节省成本，采购部和人事部的专项资金严重匮乏。采购部资金不足，在进购禽畜、作物种子、鱼苗虾苗的时候，不能选购优质的品种；人事部资金不足，付不出吸引人的薪资，在招聘工作人员的时候招不到精通养殖种植技术的人员，就连现有的工作人员积极性也不高，因为他们觉得工资太低。

于是，秘书向总经理提出了表9-18所示的建议。

表9-18　秘书的建议

名称	详细内容
秘书的建议	① 财务部设立专项资金，支持采购部的选种工作和人事部的招聘工作，并且定期足额拨款。 ② 采购部严格把控选种工作，进购优质的品种。 ③ 人事部加大力度定期招聘精通农牧技术的人员。 ④ 建立督促检查制度，对作业人员的工作进行定期检查，并对其专业技术水平进行定期考核。 ⑤ 建立淘汰制度，对不懂得以及不能快速学习新的农牧技术的工作人员进行淘汰。 ⑥ 建立培训制度，对工作人员进行定期的农牧技术培训

秘书的建议像一剂强心针，使总经理一下子看到了希望。经过秘书与财务部、采购部、人事部的协商，这份方案得以顺利实施。自此，整个产业链的效益越来越好。

结合案例总结一下秘书督促检查的协调方法，如表9-19所示。

表9-19　协调方法

名称	详细内容
协调方法	① 深入调查，掌握真实的有效信息。秘书一开始到现场调查，并向工作人员以及3个部门的经理了解情况，这正是掌握真实信息的过程。 ② 及时发现问题，把突出问题反映给领导，并且组织各方沟通，解决问题。秘书明确反映了资金匮乏问题，之后与3个部门进行协商，才使得方案顺利实施。 ③ 客观汇报工作中难以解决的问题，寻求领导帮助。技术问题绝对不是员工自己就能解决的，所以秘书向总经理提出了"建立培训制度"的建议

秘书要掌握有效的协调方法，对各部门的工作进行督促检查，这样才能保证公司正常运转。

9.5.5 运转节奏的协调

公司各部门既定的目标计划和工作安排的运转节奏也不能出现冲突，否则会阻碍各部门工作的顺利进行、目标的圆满实现。

在 9.5.1 节的案例中，秘书的协调工作其实也是运转节奏协调的典范。

本来公司和学校都把工作安排在同一个月内，而且双方都要求加快工作运转节奏。一方面关系到公司员工的生命安全，另一方面关系到学生未来的培养问题。双方都要求尽快动工。

其实，这体现了工作运转节奏的冲突。双方都希望先启动自己的工作。

就在总经理感到左右为难的时候，秘书顺利协调了双方的冲突。总结下来，秘书协调双方工作运转节奏的方法如表 9-20 所示。

表 9-20 协调方法

名称	详细内容
协调方法	① 深入调查实际情况。 ② 分析获得的信息，找到令其中一方妥协的突破口。 ③ 向领导汇报，并提出可以令其中一方做出让步的建议。 ④ 采取措施令其中一方主动让步。 ⑤ 做出在事后协助让步方尽快赶上工作进度，恢复运转节奏的承诺

如果各部门都只是一味地追求加快自己的运转节奏，而不顾彼此间运转节奏的协调，那各部门的工作恐怕也很难如期完成。

小·提示 如果各部门为了工作的运转节奏争得面红耳赤，都唯恐落后，秘书就要出面进行协调，使各部门顺利完成工作。

第10章
保密工作：不主动说，不被动谈

对于涉及企业核心机密的信息，秘书应该守口如瓶，把"不主动说，不被动谈"作为自己的底线，这是秘书保密工作的基本要求。秘书在做保密工作的时候，需要注意保密原则和保密技巧。

10.1 保密原则

秘书需要掌握的保密原则主要涉及5个方面：不该说的机密绝对不说、不该问的机密绝对不问、不该看的机密绝对不看、不该记录的机密绝对不记录、不让客户接触机密材料。

10.1.1 不该说的机密绝对不说

凡是涉及企业核心机密的信息，秘书绝对不能在任何场合以任何方式向保密范围外的任何人透露。

小王是金融管理专业出身，毕业后进入了北京一家集团公司做总经理的秘书。小王的很多同班同学毕业后留在了北京。但是由于平时工作繁忙，大家一直没有举办过一次像样的聚会。

这天，小王收到了老班长的通知，了解到周末的时候他要召集留在北京的同学们聚一聚。小王特别兴奋，推掉了一切事情，决定去见一见很久没有见的同学。

同学们因为专业相同，大都在企业里工作，工作性质也类似，所以大家的共同话题特别多。聊着聊着，话题就转到了升职加薪问题上。

小王得意地说："现在我已经被总经理拟定为助理人选了，很快就能升职加薪了。"

很多人都投来美慕的目光，而且不少人说了一些恭维的话。当有人夸他升职快、公司实力又不错的时候，旁边本来就和小王合不来的小周开始搭腔了。

"他们公司还行，但是比不上小吴的公司。现在小吴已经是总经理助理了。"

听了这话，小王明显有些不高兴。上大学的时候小王非常争强好胜，现在也没变，于是借着酒劲儿说了很多话。

"小吴的公司现在的确比我们公司强，但是用不了多久我们公司就能超过他们公司了。"

"小王，怎么这争强好胜的性子一点也没变呢？你喝多了？"

"我敢拍着胸脯跟你们保证。我们公司我最了解，公司正在秘密研究一种新产品。该产品科技含量高，功能强大，最重要的是成本低，上市之后，肯定能使公司实力大增。"

旁边的小吴见小王和小周僵持不下，没有说话，只是笑笑。几个月之后，小王公司的新产品上市了，市场反馈相当不错。但是很快小吴的公司推出了类似的产品，这让总经理百思不得其解，小王却恍然大悟，愧疚不已。

分析一下，为什么小王会泄露公司的研发机密呢？大概有表10-1所示的几个原因。

表 10-1　泄露机密的原因

名称	详细说明
泄露机密的原因	① 场合不对。聚会时人多耳杂，每个人都会倾向于单位，也都会更多关注自身的利益。 ② 情绪不对。小王太冲动了，在别人的闲言碎语面前，不能控制自己的情绪。酒精的作用加上他争强好胜的性格，使他情绪失控，口无遮拦。 ③ 不够自律，攀比炫耀。在自律方面，小王不如小吴。虽然小吴的公司比小王的公司实力强，但是小吴却从来不把公司的机密当作自己的谈资，这就是自律，小吴也不会把公司的机密当作自己攀比炫耀的筹码，只顾自己风光

秘书要想做到不该说的机密绝对不说，就要把握以下几点。

① 注意场合，避免祸从口出。

② 控制情绪，避免口无遮拦。

③ 严格自律，不攀比、不炫耀，不把机密当谈资和筹码。

当然还要记住，"不该说的机密绝对不说"是秘书应尽的义务和职责。

10.1.2 不该问的机密绝对不问

秘书要把握好向领导询问的分寸，绝对不问不该问的机密。这也是秘书做好保密工作的一个原则。

北京一家通信公司为了赢得更多的市场份额，赚取更丰厚的利润，启动了革新通信技术的计划。而且公司也在筹备研讨技术革新的董事会。

董事会召开这天，秘书陪同总经理兼董事长出席会议。会上，总经理和各位董事探讨的内容除了实施计划的战略方针，最主要的就是机密技术了。

总经理在会前给各位董事发送了关于机密技术的电子文件，所以会上讨论这一议题的时候，全程只是用"机密"两个字，而没有展开说"机密"的内容。这让不知情的秘书听得一头雾水。

会后，秘书好奇地问："总经理，您会上说的'机密'是什么呀？"

总经理突然间脸色"晴转阴"，说："不该问的别问。"

秘书本来只是想关心一下总经理的工作，却没想到被总经理批评了。

秘书为什么会被总经理批评呢？其实，大多数企业都是这样，即使是在内部，通常也不会把核心机密告知无关人员。企业机密一般只需要领导层、决策层、技术部门知道即可，其他人则不需要了解。秘书即使是总经理的工作助手，也没有必要把企业机密了解透彻，除非是有特殊情况。所以，秘书不应该问不该问的机密。

秘书要做到不问不该问的机密，应遵循表 10-2 所示的询问原则。

表 10-2　询问原则

名称	详细说明
询问原则	① 对于领导没有告知自己的机密，秘书绝对不问。 ② 当发现自己的询问引起领导的反感时，秘书不要追问。 ③ 当得知领导给相关部门传达机密，但是自己不知道内容的时候，秘书不要向该部门询问。 ④ 当有关部门要向领导呈报自己不知晓的机密的时候，秘书不要向该部门询问。 ⑤ 当领导吩咐秘书向相关部门传达机密，或者相关部门要通过秘书向领导呈报机密，而在这两种情况下秘书不知道机密内容时，秘书不要向领导或者相关部门询问

小·提示 秘书要注意区别该问的内容和不该问的内容，对不该问的机密绝对不问。

10.1.3　不该看的机密绝对不看

秘书要管好自己的眼睛，必要的时候要学会"视而不见"，对不该看的机密，绝对不看。

许秘书是北京一家制药集团的总经理秘书。这天，许秘书去给总经理送文件，到了总经理办公室，却发现总经理不在。于是许秘书把文件放到总经理的办公桌上之后，顺便把总经理桌上的文件整理了一下。

就在整理文件的时候，许秘书发现总经理办公桌上放着一个档案袋，档案袋上印着"绝密"两个字。这两个字激起了许秘书的好奇心。许秘书好奇地打开了档案袋，查看了里面的机密信息。原来这些信息都是集团最新研发的并且在市场上受到广大消费者青睐的药物的绝密配方。

记忆力超强的许秘书一下子就记住了这些药物配方。看完之后，许秘书便把档案袋重新封好，整理好其他文件之后，就离开了总经理办公室。

周末的时候，许秘书宅在家里上网，无意间发现了一个药物配方有奖征集的广告，并且征集方给出的奖金特别丰厚。面对这样的诱惑，许秘书动了私心，向征集方投去了自己公司的药物配方。

许秘书因此获得了一大笔奖金，但是集团却在一段时间后遭受了严重的损失。原来，市场上出现了大量和集团研发的药物相同的药物。

尽管许秘书最后向总经理坦白了，但是总经理还是辞掉了许秘书。

很明显，集团的损失和许秘书最后的结局都是由许秘书看了不该看的机密造成的。所以，秘书不能利用自己的职务之便随意翻看领导办公室的机密文件，不但如此，还要做到对一切不该看的机密，绝对不看。

那么，秘书要怎样做到这一点呢？具体方法如表 10-3 所示。

表 10-3　保密方法

名称	详细内容
保密方法	① 不看领导办公室的机密文件。 ② 不看领导吩咐自己送到相关部门的机密文件。 ③ 不看相关部门通过自己呈报给领导的机密文件。 ④ 不看领导要求自己归档保管、移交档案室的机密文件。 ⑤ 不看领导要求自己销毁、监督销毁的机密文件

💡 **小·提示**：秘书要注意区别该看的内容和不该看的内容，对不该看的机密绝对不看。

10.1.4　不该记录的机密绝对不记录

秘书要管好自己，在必要的时候要做到"充耳不闻"，对不该记录的机密，绝对不记录。

北京一家酒业集团最近正在布局上市。总经理已经多次召开集团董事会议和集团部门经理会议，每次会议都让自己的秘书陪同出席，并让秘书负责做会议记录。

在董事会议和部门经理会议上，总经理频繁进行集团商业机密的传达与探讨。在董事会议上，总经理更多是谈集团的经营机密，包括竞争方案、发展规划、财务状况、经销策略、融资计划等；在部门经理会议上，总经理更多是谈技术机密，包括工艺流程、配方、制作方法等。

由于总是负责做会议记录，秘书养成了机械记录的习惯。所以，秘书在陪同总经理出席涉及集团商业机密的会议时，也机械地把机密内容记录了下来。

某天下午刚刚上班的时候，秘书想要冲一杯咖啡，结果不小心把咖啡洒在了办公桌上。秘书一时之间找不到擦拭的纸巾，于是就从工作记录本上随便撕下两张纸擦桌子，然后随手将其扔进了垃圾篓里。随后垃圾就被清洁工收走了。

后来秘书才发现被自己扔掉的是记录着集团商业机密的纸张。之后的很长一段时间，集团融资越来越困难，工作进程也越来越慢，而且市场上出现了大量与集团产品质量相同的产品，集团高层认为内部机密被泄露了。总经理反复斟酌高层关于泄密的推断，百思不得其解之时，秘书主动承认了错误。

按照集团的规定，凡是泄露集团机密的人员，不论职务，不问原因，都要受到辞退的处分，而且要负法律责任。

总经理虽然不愿意辞退秘书，但是只能照章办事。秘书很快被集团辞退了，并被集团追究了法律责任。

案例中的秘书被辞退，是因为他记录了不该记录的内容，最后致使机密泄露。如果秘书能够分辨哪些内容该记录，哪些内容不该记录，就不会有案例中的结果了。秘书不该记录的内容有哪些呢？具体如表 10-4 所示。

表 10-4　不该记录的内容

名称	详细说明
不该记录的内容	① 科研技术机密。 ② 商业经营策略机密。 ③ 商业发展规划机密。 ④ 财务状况机密。 ⑤ 生产工艺机密。 ⑥ 产品配方机密

💡 **小·提示** 秘书要结合具体的情况，正确分辨该记录的信息和不该记录的信息，对不该记录的机密，绝对不记录。

10.1.5 不让客户接触机密材料

涉及企业核心利益的机密材料，绝对不能让任何保密范围外的人员接触。秘书经常与客户打交道，在交际的过程中，要杜绝客户接触机密材料。

A 公司是一家生产笔记本电脑的厂家，目前正在和市场上其他几家笔记本电脑生产厂家争夺一家大型企业（B 企业）的全公司笔记本电脑更换采购订单。

A 公司的马总为了争取这笔订单，将 B 企业的采购团队请到公司来参观公司的生产线，并向 B 企业的采购团队介绍公司产品的优势。

马总和李秘书从接机到午宴都全程陪同 B 企业的采购团队。当天下午，马总和李秘书带着 B 企业的采购经理参观公司先进的生产线，介绍了公司产品的优点。B 企业的采购经理对马总和李秘书介绍的内容频频点头。

参观完生产线后，已经是傍晚时分，马总和李秘书带着 B 企业的采购团队前往马总办公室休息，并洽谈合作事宜。

这个时候，马总接到了一个电话，电话那边马总家的保姆说马总的孩子发高烧，需要马总尽快回家带孩子去医院看病。于是马总委托李秘书与 B 企业的采购团队沟通。

李秘书用钥匙打开了马总办公室的门，并热情地招待 B 企业的采购团队。此时，李秘书发现马总办公室里的一次性纸杯不够用了。于是，李秘书转身走向物资部，去领取一次性纸杯。

而此时，马总的办公室茶几上正好放着昨天李秘书给马总送过来的公司的新型笔记本电脑的生产成本报价单和销售报价单。

B 企业的采购经理一眼就看到了这两张单子。而此时，李秘书还没从物资部返回。

B 企业的采购经理瞟了一眼放在茶几上的生产成本报价单和销售报价单，发现 A 公司产品的销售定价是成本的 5 倍，而这种定价远远高于同行业平均水平。

B 企业的采购经理当即同团队里的几位同事商量，要选择其他公司的笔记本电脑。

而此时，李秘书刚刚拿来一次性纸杯，当看到茶几上忘记收起来的报价单后，李秘书后悔不已，可是，这时已经无法补救了。最终，B企业没有和A公司签订采购协议。

李秘书也因为这件事情被马总要求自我反思，并且做出书面检讨。

为了避免犯这样的错误，秘书应该采取什么样的方法呢？具体如表10-5所示。

表10-5　采取的方法

名称	详细说明
采取的方法	① 系统学习相关法律法规。 ② 向经验丰富的秘书请教。 ③ 严格区分机密材料和普通材料。 ④ 委婉拒绝客户获取自己单位核心机密的要求

小·提示 秘书要吸取案例中李秘书的教训，借鉴上述方法，结合自己的实际情况，保证不让客户接触机密材料。

10.2　保密技巧

秘书要做好保密工作，当然也要讲究一些技巧。秘书需要掌握和运用的保密技巧涉及6个方面：熟记范围、按章办事、弄清身份、明确意图、以礼拒绝、佯装不知。

10.2.1　熟记范围：密与非密事先确定

秘书在做保密工作的时候，首先要确定并熟记保密的范围，区分机密性事件和非机密性事件。

××公司是一家生产高端电子机器人的厂家。公司每年在研发中投入营业收入的50%。公司每年能成功申报数十项专利，而且这些专利能被应用到机器人生产的第一线。

尹秘书负责全公司文件的归档工作。尹秘书把公司的各种文件都集中放在了自己办公室的铁皮柜里。柜子没有上锁，不同的文件夹上标明了不同的文件类型：会议文件、通知、大事记、规章制度、发明专利技术文件等。文件夹在铁皮柜里摆放得十分整齐。

　　公司总经理刘总需要报销差旅费用，正好路过尹秘书的办公室，顺便把报销用的发票交给尹秘书。刘总一进尹秘书的办公室，就看见了开着柜门的铁皮柜里的各种文件。刘总看了看铁皮柜，皱了皱眉头。

　　"小尹，公司的各种会议文件、通知、大事记和规章制度你放在一个柜子里，我没意见。但铁皮柜的锁上就挂着钥匙，柜门还开着，这锁形同虚设。最严重的是，公司的发明专利技术文件，你也放在铁皮柜里，这一点我要提出严肃批评。发明专利技术文件是要放在专门的保险柜里的。我们需要特别注重对这类文件的保密工作。"刘总看着装满文件夹的铁皮柜，对尹秘书说道。

　　"刘总，您说得没错，我确实没有注意到这件事情，忽视了发明专利技术文件的保密性。"尹秘书对刘总抱歉地说。

　　"嗯，你一定要好好整理这些文件，明确公司保密文件的范围，区分'机密性事件'和'非机密性事件'形成的文件档案，按照保密要求，分类保存这些文件，确保公司机密无外泄风险。在这件事情上不能有一点含糊。"刘总严肃地对尹秘书说。

　　"好的，刘总，我今天重新整理一遍文件，再采购一个保险柜，用来存放机密性文件，请您放心。"尹秘书对刘总说。

　　刘总满意地点了点头，走出门外。

　　任何涉及公司机密的信息都要被特殊保护，这是不言而喻的。当然，秘书首先要弄明白保密范围。

　　就实际工作而言，秘书需要保密的内容具体如表 10-6 所示。

表 10-6　需要保密的内容

名称	详细内容
需要保密的内容	① 内部会议信息。 ② 科研技术机密信息、涉外信息。 ③ 电信设备。 ④ 通信。 ⑤ 电子计算机。 ⑥ 其他涉及企业核心机密的内容

💡 **小·提示** 凡是涉及企业核心机密的事宜都会直接影响企业的利益，所以秘书要熟记保密范围。

10.2.2 按章办事：若需解密和降密，要按照制度办

秘书在对密级进行变更的时候，要依照相关制度进行解密和降密工作。

北京一家公司的秘书接到总经理的吩咐，对公司归档的机密文件和资料进行核查，并对达到解密或者降密标准的文件和资料进行相应的解密和降密处理。

秘书接到吩咐后，立即展开了核查工作。在核查过程中，秘书发现一些上级部门传达的机密文件已经过了保密期限，所以也对这些文件进行了解密处理。

上级部门来公司视察工作的时候，发现当初传达的机密文件没有经过本部门的变更密级许可就被公司公布于众，觉得这对本部门工作的影响十分恶劣。最后上级部门责成公司总经理对秘书进行密级变更制度的教育和行政处罚。

秘书到底错在哪里呢？分析一下密级变更制度就清楚了，如表10-7所示。

表10-7　密级变更制度

名称	详细内容
密级变更制度	① 本单位产生的密件达到解密、降密、变更保密期限的标准的时候，要按照相关规定进行密级和保密期限的变更。 ② 对于不是本单位产生的密件，在原单位没有对其进行密级、保密期限变更的情况下，本单位不得擅自变更。 ③ 本单位产生的密件保密期限届满时，经批准后及时解密

秘书要严格按照相关制度进行解密、降密等操作。

10.2.3 弄清身份：明确哪些能说、哪些不能说、说到什么程度

秘书在与他人交际的过程中，要弄清楚对方的身份，并注意自己说话的分寸，以免泄露机密。

北京一家程序设计公司的秘书正在接待一位"高管"，了解到他是来借鉴本公司的管理经验的。经过一段时间的交谈，秘书发现这位"高管"对管理经验不太感兴趣，甚至对管理不是很懂，反而对程序技术特别热衷。于是秘书推测对方根本不是"高管"，而是程序技术人员。

所以，秘书在整个交谈的过程中，几乎没有涉及公司程序设计的技术问题。即使对方问到了这方面的问题，秘书也是一带而过，故意把重点放在管理经验方面。最后，对方自觉没趣，离开了。

其实，秘书就要有这样的智慧，及时弄清楚对方的身份。当然，这就需要秘书掌握一定的方法了，具体如表 10-8 所示。

表 10-8　弄清对方身份的方法

名称	详细说明
弄清对方身份的方法	① 直接询问，并要求其提供证明材料。 ② 间接地调查核实：察言观色，旁敲侧击，巧妙辨析、推测

💡 **小·提示** 为了不泄露公司的核心机密，秘书要通过各种方法确定对方的身份，从而确定在交际的过程中哪些话能说、哪些话不能说，以及说到什么程度。

10.2.4　明确意图：对探听机密者采取相应对策

秘书不但要弄清楚对方的身份，知道什么该说、什么不该说、说到什么程度，还要明确对方的意图。如果对方是在通过自己探听公司机密，那么秘书要采取相应对策，以防泄密。

安秘书是北京一家化学制药公司的总经理秘书。一位大客户一直以来都保持着和公司的合作，而且每次来公司都是安秘书接待。时间久了，安秘书与这位大客户不仅在工作上配合良好，而且私交甚密。

这天，这位大客户再次来到公司，照例受到了安秘书的热情接待。由于打交道的时间长了，安秘书觉得和这位生意伙伴可以畅所欲言。而客户也抓住了安秘书的这种心理，在交谈过程中，多次用话套取公司制药的机密。客户还暗示安秘书可以带着机密跳槽到自己的公司，自己愿意出高薪接纳。安秘书察觉了客户试探机密的用意，为了保守公司机密，很有可能采取表10-9所示的做法。

表10-9　可能采取的做法

种类	详细内容
第一种	故意沉默、冷场，让客户主动转移话题
第二种	借口去洗手间，然后给总经理打电话说明情况
第三种	反问客户是否愿意带着机密跳槽到自己公司来

下面分析一下这3种可能的做法，如表10-10所示。

表10-10　做法分析

种类	详细说明
第一种	这是比较稳妥的做法。因为这样做既没有向领导请示对策而打扰领导正常工作，也没有和客户发生冲突，造成合作的破裂，而且可以让客户主动转移话题
第二种	这种做法欠妥。因为这样做很有可能打扰到领导的正常工作
第三种	这种做法欠妥。因为这样做很有可能使客户恼羞成怒，取消合作

当然，安秘书采取了第一种做法。所以，面对探秘者，秘书也要仔细分析，选择恰当的对策。

10.2.5　以礼拒绝：直言拒绝、婉言谢绝、托词谢绝

当然，秘书在面对探秘者的时候，可以采取的对策还有很多。秘书面对对方的试探，还可以采取以礼拒绝的对策。

10.2.4节案例中的安秘书也可能采取表10-11所示的做法。

表 10-11　可能采取的做法

种类	详细内容
第一种	对不起，我有责任保护公司的机密，我也不能违背良心背叛公司。我很感谢您的赏识和器重
第二种	不好意思，我很爱我现在的职业，我愿意继续为公司奉献自己的青春和价值
第三种	不好意思，您应该知道我是文秘专业科班出身，我知道，泄露商业机密可是要被追究法律责任的，我不敢知法犯法

下面分析一下这 3 种做法，如表 10-12 所示。

表 10-12　做法分析

种类	详细说明
第一种	这种做法实际上属于"直言拒绝"。虽然直言拒绝在语气上也许会有一些生硬，但是毫不失礼。说话时，秘书可以保持微笑，这样可掩饰语气生硬的瑕疵。最重要的是，秘书表明了立场，也可以很轻松地让对方无可辩驳
第二种	这种做法实际上属于"婉言谢绝"。这种做法柔中带刚，以温和的方式犀利地表达了自己坚定的立场。这样表达可以让对方比较舒服地接受，并且打消对方探密的念头
第三种	这种做法实际上属于"托词谢绝"。这种做法借助公正的标准来衡量双方的言行，避免了双方的尴尬

所以，面对探密者，秘书以礼拒绝也是相当稳妥的做法。

10.2.6　佯装不知：在无法回绝时转移话题

如果天生就不会拒绝别人怎么办？如果秘书不懂拒绝，那就假装糊涂，佯装不知。

客户："安秘书，你在总经理身边工作多年，贵公司的药如此受市场欢迎，你大概知道原因吧？"

安秘书："我就是个秘书。总经理吩咐我干啥我就干啥，想那么多干嘛！"

客户："不会吧，你会给总经理整理文件、做会议记录吧。你看我们公司的总经理秘书，比我知道的都多。"

安秘书："可能我工作的时候比较死板，不喜欢思考，所以知道的不多。"

客户："我跟你说，我们的总经理秘书凭自己掌握的信息，要是能筹来资金，肯定也能成为老板。来，比比看，你和她谁厉害？"

安秘书："哎呀，我刚发现，您这块表是××品牌的表吗？瑞士制造对吧？还获得了日内瓦什么品牌荣誉来着？"

客户："对对对，你也懂啊，'日内瓦印记'品牌……"

小·提示 面对客户的探秘，秘书可以学一学案例中安秘书转移话题的方法，这样既给出了暗示，又顾全了对方的面子。